Ernst Hoferichter wurde 1895 als Schreinerssohn in der Münchner Altstadt geboren und wuchs, eigenen Worten zufolge, in »besonnter Armut« auf. Er studierte Philosophie, Psychologie und Literaturwissenschaft und erprobte sich auch als Schauspieler an den Münchner Kammerspielen. Als Kabarettist stand er mit Karl Valentin und Liesl Karlstadt auf der Bühne. Ludwig Thoma und Thomas Mann entdeckten ihn für die Literatur. Er arbeitete für den »Simplicissimus« und die »Jugend« und schrieb Satiren und Feuilletons für die Lokalpresse. Im Auftrag mehrerer großer Blätter reiste er von 1923 bis 1933 mit seiner späteren Ehefrau, der »Schwabinger Franzi«, rund um die Welt, blieb seiner Heimat aber in besonderer Weise treu. Davon zeugen Bücher wie »Bayerisches Panoptikum« (1935), »München, Stadt der Lebensfreude« (1958) und »Weißblauer Fön« (1961). Nach Hoferichters Tod 1966 gründete seine Frau die nach ihm benannte Stiftung, welche bis heute einen der bedeutendsten Münchner Kulturpreise finanziert.

edition monacensia
Herausgeber: Monacensia
Literaturarchiv und Bibliothek
Dr. Elisabeth Tworek

Die *edition monacensia* präsentiert ausgewählte Werke renommierter Münchner AutorInnen des 20. Jahrhunderts, deren literarische Arbeiten von der Monacensia – Literaturarchiv und Bibliothek betreut werden. Neben Neuausgaben vielgesuchter Bücher erscheinen Ersteditionen aus den Beständen der Monacensia, die von kompetenten Herausgebern eingeleitet werden.

Ernst Hoferichter
Fünf Erdteile als Erlebnis

Mit einem Vorwort von Christian Ude

edition monacensia
im
Allitera Verlag

Der Allitera Verlag ist ein BoD™-Verlag der Buch & medi@ GmbH, München. Dieser Verlag publiziert ausschließlich Books on Demand in Zusammenarbeit mit der Books on Demand GmbH, Norderstedt, und dem Hamburger Buchgrossisten Libri. Die Bücher werden elektronisch gespeichert und auf Bestellung gedruckt, deshalb sind sie nie vergriffen. Books on Demand sind über den klassischen Buchhandel und Internet-Buchhandlungen zu beziehen.

Weitere Informationen über den Verlag und sein Programm unter: www.allitera.de

Die Deutsche Bibliothek – CIP-Einheitsaufnahme
Hoferichter, Ernst:
Fünf Erdteile als Erlebnis / Ernst Hoferichter.
Mit einem Vorw. von Christian Ude. - München : Allitera-Verl., 2002
(Edition Monacensia)
ISBN 3-935877-45-5

September 2002
Allitera Verlag
Ein BoD™-Verlag der Buch & medi@ GmbH, München
© 2002 Christian Ude
© Für diese Ausgabe: Landeshauptstadt München/Kulturreferat
Münchner Stadtbibliothek
Monacensia Literaturarchiv und Bibliothek
Leitung: Dr. Elisabeth Tworek
und Buch & medi@ GmbH, München
Umschlaggestaltung: Kay Fretwurst unter Verwendung
von Motiven von Rolf Peter Bauer
Herstellung: Books on Demand GmbH, Norderstedt
Printed in Germany · ISBN 3-935877-46-3

Inhalt

Reserviert für Hochwürden *Vorwort von Christian Ude*   7

Fünf Erdteile als Erlebnis

Vorwort   13

Vor der Tür zur Welt

Die erste Palme   17
Zwei Handkoffer   19

Irrfahrten im Mittelmeer

Im Flug nach Süden   23
Sonne, Wein und Sterne …   26
Im Lande der Götter   28
Unter dem sinkenden Halbmond   32
Momentaufnahmen aus dem gelobten Land   36
Im Suezexpress   39
Das Ende von 1001 Nacht   42
Wo die Fremden geschlachtet werden   44
In die große Wüste   48
Saharareise im Viehwagen   51
Nächte in den Zaubergassen   56
Vom Harem zum Hexermeister   59

Um den schwarzen Erdteil

Unterm Äquator   65
Wir suchen Diamanten   69
Sturm am Kap der guten Hoffnung   71
Der Weg ins Paradies   75
Franzi in Seenot   78
In den Höhlen des Grauens   81
Tanzende Nächte auf Sansibar   83
Roman eines fliegenden Fisches   87

Nach Südamerika

Mit Auswanderern nach Brasilien   93
Mit Zahnweh in die Bucht von Rio   97

Spaziergänge durch die Tropenstadt	100
Was geschieht am schönsten Punkt der Welt …?	103
Kaffee brennt zum Himmel …!	105
Zum tropischen Gasthof	108
Als Junggeselle in Südamerika	112
Im brasilianischen Urwald	114

Rund um die Erde

Panama und Pazifik	123
Die erste Südseeinsel	128
Das Paradies der Welt	130
Unter den Menschenfressern	133
Ankunft in Australien	137
Mit zwei Handkoffern auf dem Luxusdampfer	140
Der Elefant von Celebes	143
Im Zauberland Java	145
Ohne Geld in Singapore	148
Chinesisches Panoptikum	150
Wunder auf Ceylon	153
Die Schreckensnacht von Djibouti	156

Epilog

In der kleinen Stadt	163

Der Ernst-Hoferichter-Preis

Der Ernst-Hoferichter-Preis	167
Ernst-Hoferichter-Preise 1975 – 2002	168
Die Preisträger 1975 – 2002	183

Reserviert für Hochwürden
Von Christian Ude

Die Hoferichters mochte ich besonders gerne. Wenn sie zu meinen Eltern zum Kaffeetrinken kamen, mußte ich zwar auch – ebenso wie bei anderen Gästen – auf das vereinbarte Klingelzeichen hin vier Stockwerke hinunterrennen, um unten den käfigartigen Aufzug aufzusperren, aber einzig und allein bei ihnen, dem Münchner Schriftsteller Ernst Hoferichter und seiner »Schwabinger Franzi«, gab es dafür ein stattliches Trinkgeld. Genausoviel, wie man auf dem Tennisplatz im Luitpoldpark für eine ganze Stunde Ballaufheben bekam. Von anderen Schriftstellern, aber auch Kritikern und Verlegern, die für ein Interview oder eine Besprechung zu meinem Vater kamen und meinen Aufzugservice mit einem Schulterklopfen abgelten wollten, wußte ich bereits, daß sich Vertreter des literarischen Lebens vor allem durch eine maßlose Knickrigkeit auszeichneten. Onkel Ernst mit seinem Trinkgeld erschien daneben als wahrer Dichterfürst. Bei den Hoferichters, diesem weltgereisten Paar, konnte ich mir plastisch vorstellen, daß sie selbst in Asien und Afrika in den feinsten Hotels vom Liftboy freudig erwartet worden waren.

Auch nach der einträglichen Liftfahrt blieben ihre Besuche erfreulich. Im Gegensatz zu anderen älteren Autoren und Dichtergattinnen jammerten sie nicht darüber, wie sträflich das eigene literarische Gesamtwerk im Vergleich zu den maßlos überschätzten modernen Nichtskönnern von den Kritikern vernachlässigt werde; nein, sie hatten Spannendes zu erzählen, von ihren Reisen vor einigen Jahrzehnten zu den Südsee-Kannibalen, von Abenteuern in Singapur und in der Bucht von Rio de Janeiro. Zehn Jahre lang hatten sie alle fünf Kontinente durchquert, gegen Vorauskasse illustrierter Zeitschriften, in denen Ernst dann seine Reiseberichte publizierte. Honorare, so erklärte er mir eindringlich, könne man nie früh genug kassieren.

Nicht nur seine Tips, sogar seine Lebensweisheiten hörte ich gerne, weil sie überhaupt nicht nach Schulmief rochen. »Nur wer erlebt, der lebt«, war sein Lieblingsspruch, »lieber eine lebendige Mücke als ein toter Löwe«, ein anderer. Und immer wieder betonte er, daß das Leben nicht aus den Ritzen und Fugen von Schreibtischen hervorwächst. Das war wertvollste Munition für die nächsten Debatten, wo ich die kommenden Ferien verbringen sollte.

Die einprägsamsten Geschichten handelten von Ernsts Kindheit am Viktualienmarkt. Es waren Geschichten von der Kaltherzigkeit Münchner Hausbesitzer, die nichts dabei fanden, die Schreinerfamilie Hoferichter auf die Straße zu setzen, weil die Miete nicht pünktlich bezahlt werden konnte. Geschichten vom Leben in einer Mietskaserne, in deren Hinterhof die spielenden Kinder vom Himmel nur ein winziges Viereck sahen, »groß wie ein Bettvorleger«. Geschichten von Hausmädchen, deren einzige Vergnügung im Jahr der Ball des Sterbekassenvereins war. Onkel Ernst erzählte mir auch, warum man den Stadtbach im Hinterhof die »Zeitung der kleinen Leute« nannte: Vorbeischwimmende Küchenabfälle berichteten von den Mahlzeiten und Festen, Möbelteile und Matratzenreste von den Umzügen in der Nachbarschaft.

Trotz dieser Enge und Armut sprach er aber immer von einer glücklichen Kindheit am Viktualienmarkt. Bitterkeit war allenfalls zu spüren, wenn er seine Wiesnbesuche als Kind schilderte. Sein geiziger Onkel Benno gönnte ihm weder einen Steckerlfisch noch die Völkerschau »Menschenfresser aus Papua« oder gar einen Besuch beim *Schichtl*. Die Raubtierschau mit echten Tigern wurde ihm ausgeredet mit dem Argument: »Stell dir a Katz vor und multiplizier's mit hundert – dann hast an Tiger und zwanz'g Pfennig g'spart.«

Jahrzehnte später entschädigte sich Ernst für diese Entbehrungen, indem er Menschenfresser und Tiger in ihrer tropischen Heimat besuchte und indem er sich – nochmals viel später, als alter Mann – regelmäßig zur Adventszeit vom Konditor hinter der Feldherrnhalle aus Lebkuchen und Marzipan die Schießbude, die Karussellorgel, den *Schichtl* und anderen Wiesnzauber nachbauen ließ. Von diesen zuckersüßen Miniaturkulissen seiner Kinderträume konnte er sich erst im Frühjahr trennen, wenn sie restlos ausgetrocknet waren. Dann erst wurden die Lebkuchenwände und Marzipanfiguren auf die Kinder der Freunde, die er alle »Schwager« nannte, verteilt. Die große Fassade vom *Schichtl* mußte ich einmal mit einem Stuhlbein zertrümmern und die nächsten Tage beim Frühstück im Kakao aufweichen.

Als Franzi schon über siebzig war und ihr das Kreuz beim Bücken weh tat, heuerte sie mich zum Unkrautjäten an. Das Haus in der Mottlstraße 21 lag ja günstig gleich hinter meinem Gymnasium. Während ich die Außentreppe zum Keller und die überwucherten

Kieswege wieder freilegte, erzählte Franzi, wie sie in den zwanziger Jahren als »Patriziertochter aus der Rosengasse« ihren Ernst beim Bal paré kennen- und lieben lernte. Ein Liebespaar waren sie jetzt – vierzig Jahre später – noch immer. Ernst kam manchmal aus der Küche, in der er an neuen Texten feilte und »auf das Läuten des Geldbriefträgers« wartete, zu uns heraus in den Garten und küßte sie auf die Stirn.

»Erzähl doch mal vom teuersten Satz deines Lebens«, forderte ihn Franzi auf. Ernst gestand fröhlich schielend, daß er seiner Schwiegermutter bei einer der ersten Begegnungen ins Gesicht gesagt hat: »Du wirst nur deshalb nicht vom Teufel geholt, weil Du seine Großmutter bist.« – »Daraufhin«, setzte Franzi die Geschichte trocken fort, »wurden wir beide enterbt!« Daß sie ein großes Vermögen verloren hatten, nur weil Ernst allzu offenherzig war und nicht zur Erbschleicherei taugte, wurmte sie immer noch.

Als ich hinter dem Haus den Efeu zurückschnitt, kam ein schmiedeeisernes Grabkreuz zum Vorschein. Ich erschrak, aber Franzi strahlte: »Schön, gell. Das ist für unser gemeinsames Grab!« Sie sprachen unverkrampft über den eigenen Tod und erörterten gerne, wer aus dem großen Freundeskreis wohl am meisten mit dieser Truhe und jener Buddha-Statue anfangen könne.

Wenn im Garten alles in Ordnung war, fielen kleinere Arbeiten im Haus an. Am liebsten werkelte ich natürlich in dem Raum, an dessen Wänden exotische Dinge an die Weltreisen erinnerten. Da gab es hexenhafte balinesische Schattenfiguren und mehrarmige Göttinnen, eine indische Graburne und einen geschnitzten Affenbaum, der wie ein Totempfahl aussah. Als Franzi mich beim Staubwischen beobachtete, stellte ich unüberhörbar fest, daß der afrikanische Holzschild »wirklich wunderbar ist«. Sie verstand meinen Wink mit dem Holzschild und fragte, ob ich ihn später einmal gerne hätte. Ich wies sofort das unsittliche Ansinnen zurück, jetzt schon an so was zu denken, fügte aber – da meine Bemerkung um Himmels willen nichts Ausgrenzendes haben sollte – schnell hinzu, daß mir das indonesische Leichtholzkrokodil genausogut gefällt und der lederne Köcher mit echten Giftpfeilen auch ganz toll ist. Franzi machte ein nachdenkliches Gesicht.

An diesem Nachmittag bot ich an, eine im Weg stehende Kiste auf den Speicher zu tragen. Da widersprachen die beiden Alten unerwartet heftig: »Nein! Das kommt nicht in Frage! Das macht der Herr Pfarrer!« Darauf konnte ich mir keinen Reim machen. Onkel Ernst hatte immer wieder erzählt, wie viele Angst- und Schuldgefühle die katholische Kirche ihm als Kind beigebracht hatte und wie fragwürdig ihre Dogmen waren, wenn man sich erst einmal mit den Weltreligionen und östlicher Weisheit vertraut gemacht hat – und jetzt sollte ausgerechnet ein Vertreter dieser Amtskirche Zugang zu den Geheimnissen des Dachbodens haben, die mir versperrt bleiben sollten!? Onkel Ernst beruhigte mich schmunzelnd: »Weißt du, die gröberen Arbeiten sind bei uns für Hochwürden reserviert.«

Und das kam so: Zum letzten runden Geburtstag war unangemeldet auch der Pfarrer erschienen. Er interessierte sich aber weniger für das Seelenheil des Jubilars als vielmehr für das Haus: Ob das kinderlose Paar es nicht der Kirche vermachen könnte? »Da haben wir diesem katholischen Erbschleicher gesagt, daß wir später mal darüber reden können, aber erst die Weinkartons in den Keller schaffen müssen. Das hat er sich nicht zweimal sagen lassen und prompt alles hinuntergetragen. Zwei Wochen später kam er wieder, da haben wir gesagt: Ja mei, wem sollen wir bloß das Haus vermachen, ach Gott, erst müssen wir die Fenster richten. Das hat er dann auch wirklich ordentlich gemacht.«

Die Strafe der seinerzeit Enterbten für den frommen Erbschleicher war hart: Den Zaun hat er auch noch reparieren müssen. Ernst schloß die Geschichte mit einem tiefen Seufzer: »Schad', daß wir keinen offenen Kamin ham. Ich tät Hochwürden so gern auch noch Holz hacken lassen.«

Nachtrag 1: Franzi hat mich verstanden. Und so hängen heute in unserer Wohnung neben einem wirklich wunderbaren afrikanischen Holzschild ein indonesisches Leichtholzkrokodil, das mir genausogut gefällt, und ein lederner Köcher mit echten Giftpfeilen, der auch ganz toll ist.

Nachtrag 2: Hochwürden war nicht so erfolgreich. Er richtete zwar noch die Fernsehantenne; das Haus in der Mottlstraße fiel aber nicht in den Schoß der Mutter Kirche, vielmehr vermachte Franzi, die ihren Ernst um einige Jahre überlebte, es der »Hoferichter-Stiftung«, die auf diese Weise alljährlich an Ernsts Geburtstag am 19. Januar gut dotierte Literaturpreise vergeben kann an Autoren, »die Weltweite mit Humor verbinden«.

Aus: Christian Ude, »Meine verfrühten Memoiren«,
Piper Verlag, München 1993

Ernst Hoferichter

Fünf Erdteile als Erlebnis

Wo soll ich mich vor Deinem Geiste bergen, wohin vor Deinem Angesichte fliehen? Stieg ich zum Himmel hoch empor, so bist Du da; stieg ich hinab zur Hölle, bist Du da. Nähme ich der Morgenröte Schwingen und ließ mich nieder an dem fernsten Meeresgestade, so würde Deine Hand auch dort mich führen.

Psalm 139 (7–10)

Franzi
– meiner Reisekameradin –
gewidmet

Zehn Jahre fuhr ich auf dem Planeten herum. Aber diese Reisen nach fünf Erdteilen waren nur Spaziergänge.

Entdeckungen, Jagden, das Sammeln von Staubgefäßen und Briefmarken lag jenseits meines Ehrgeizes.

Immer stand die große Welt einem kleinen Ich gegenüber. In dieser Spannung empfand ich das Wunderbare. Nicht alles sah ich mit offenem Auge. Wehender Sand, überlichtete Helle und das Unglaubliche wurden oft nur mit verdecktem Blick, kleinster Blende, Schlitzverschluß und schielender Weltanschauung betrachtet. Manches erkannte ich nur vom Wegschauen.

Meine Ausbeute bestand weder in Löwenfellen, Tiefenlotungen, Handelsbeziehungen, noch in Autogrammen. Nur Malaria, leere Brieftaschen, verschleierte Fotos und eine Überschwemmung von Gesichtern brachte ich nach Hause.

Jeden Abend kritzelte ich den erlebten Tag in mein Taschenheft zwischen gepreßte Orchideen, den Staub tropischer Straßen und zerdrückte Moskiten …

Es waren Linien und Farben, Schreie und Düfte, Gestalten und Bilder. Daß der Kilimandscharo 6010 Meter Höhe hat, liegt am Ende einer Vermessung – und war mir kein Erlebnis. Aber daß sein weißes Haupt ein Loch in den bleiernen Himmel Afrikas stieß, das erlebte ich – –

Daß auf Celebes ein Strauch Rhizophora mucronata heißt, das ist in den Lehrbüchern zu finden – und war mir kein Erlebnis. Aber daß durch seine Zweige ein Duft wie aus alten Kommoden wehte, das ist mir unvergeßlich geblieben und ich benannte die Pflanze nach diesem Möbelstück.

Und daß am 28. April 1770 ein Seefahrer namens Cook die Botanybai entdeckte, das lehrt die Geschichte. Ich glaube und vergesse es – aber es war mir kein Erlebnis. Nur, daß auf diesem Flecken Erde die letzten Ureinwohner drei Shilling für einen fotografischen Schnappschuß verlangten, das ging in mein Gemüt ein und erregte es – – –

Den Sinn der Erde habe ich in der Welt nirgends gefunden. Wer ihn draußen sucht, der geht in falscher Richtung. Um tiefer Erkenntnis willen braucht man nicht aus der Türe zu treten. Das wußte schon Laotse.

Ein anderes ist das Leben. Wer es schauen will, muß es suchen, wo es wuchert. Aus den Ritzen und Fugen eines Mahagonischreibtisches wächst es nicht hervor. Und so durchwanderte ich in Eisenbahnabteilen, Schiffskammern, Autos, Flugzeugkabinen, Ochsenwagen und Kanus die Himmelsgegenden.

Und alles Leben, das ich nicht getötet, ausgerissen, aufgespießt und zerdacht habe, versuchte ich umgewandelt heimzutragen – als Erlebnis. Denn nur wer erlebt, der lebt.

Vor der Tür zur Welt

Die erste Palme

Jahrelang wohnte ich in einem hübsch möblierten Zimmer, das in den Hof hinausging.

Da sah ich Tag für Tag den Kamin der Waschküche, eine abbröckelnde Feuermauer und zwei Kehrichttonnen.

Jeden Morgen hing über der Ausklopfstange eine alte Bettvorlage und wartete darauf – geklopft zu werden.

Von den Altanen tropften nasse Unterhosen herab und aus den Küchen roch es nach angebranntem Wirsing.

Und so oft ich von meinem Blatt Papier zu einer kleinen Erholung aufsah, erblickte ich dieses Panorama der Genügsamkeit.

In der Ecke des Zimmers stand auf einem runden Blechtisch eine Stechpalme. Ständig wuchs sie aus einem Nickeltopf hervor und wurde doch nicht größer.

Um ihren Stamm lagen als Dünger ausgedrückte Zigaretten, der Abfall von Bleistiftspitzen und verbrauchte Trambahnbilletts.

An jedem Monatsende wurden ihre Blätter von meiner Hausfrau mit Seifenwasser gereinigt und mit Kunstbutter eingefettet.

Weil durch die Blätter nur Draht floß, brauchte sie nicht begossen zu werden. Ganz und gar war sie aus Kunst gemacht – und doch kein Gedicht, weil sie sich nicht zu der Umwelt reimen wollte. Nur wenn ein Luftzug durch den Raum wehte, bekam sie Leben. Dann rauschten ihre Blätter wie im Wind der Meere.

Das möblierte Zimmer mit vierzig Mark Monatsmiete, einschließlich Frühstück, sank vollends zur Wüste herab – und die Stechpalme wurde zur Oase, ließ ziehende Karawanen ahnen und der »Trompeter von Säckingen«, der in der anderen Ecke stand, wurde zum Muslim, der den Allahruf gen Mekka sang.

Da ich in solchen Augenblicken die Stechpalme mit einer Million multiplizierte, konnte sie zu Urwäldern werden, aus denen Pinselaffen und Papageien schrien – – –

Wenn im Herbst die Nebel zogen und sich wie graue Staublappen in die Häusermauern des Hofes legten, dann wurde die Palme fruchtbar.

Dann konnte sie auch ohne Luftzug zum Zeichen werden, das über die Enge von möbliertem Zimmer und Hofraum hinauswies.

Und die hundert Einsamkeiten wurden mir unerträglich. Unruhig lief ich Diagonalen aus, fuhr das Muster der Tapete mit dem Zeigefinger nach und unter meinem Selbstbinder begann es zu klopfen.

Es war die Zeit der großen Sehnsucht gekommen. Die Luft bekam den Geruch ferner Erdteile, in den Ohren sang der Flugsand der Dünen und durch meine Wachträume floß Kielwasser, das wie Perlmutter glänzte.

In solchen Oktobertagen schickte ich jene Briefe an Zeitungen, die voll waren von Bitten, die nicht im Vaterunser stehen. Ich rang um Vorschuß wie ein Athlet nach Weltmeisterschaft, breitete den sehr geehrten Schriftleitungen Ideen aus, die nach Abenteuer und Gefahren rochen.

Zwar wollte ich nicht »Ohne Geld – Rund um die Welt«, noch »Mit dem Kinderwagen nach Jokohama«, oder »Allein mit meinem Fahrrad zu den Kannibalen«. Aber in den Zeilen dieser Briefe strömten die Ozeane und Indianerflüsse wie verschüttetes Bier. Und mit einem exotischen Erdteil warf ich nach dem anderen.

Und ich horchte von Früh bis Nacht nach der Wohnungstüre mit dem Briefkasten. Am Fallen der eingeworfenen Post glaubte ich, die frohe Nachricht zu erkennen. Aber Tag für Tag fielen nur Kohlenprospekte, Gratisproben von Kaffeewürze in den Einwurf.

Ich setzte mich unter die Palme, drehte meinen Globus nach Ost und West und wäre zufrieden gewesen, wenn mir eine Freifahrt für eine Reise im Viehwagen vom Himmel gefallen wäre.

Aber es fiel nur Regen und Schnee. Und dem ausgestopften Eichhörnchen über dem Sofa entglitt die Haselnuß, die es zwischen den Pfoten hielt.

– – – Und doch kam am Ende aller Geduld jener Tag, der die Gewißheit über eine große Fahrt in mein Hinterzimmer brachte. Aus der Postanweisung glänzten vorausahnend die Wunder der Ferne.

Da umarmte ich im Geiste meine Palme, knickte ein kleines Blatt ab, legte es als Grundstein in meinen Koffer und versprach – es wieder ans Licht zu ziehen, wenn die ersten Palmenwälder an dem Bullauge vorüberziehen: »Dann will ich es seinen lebenden Brüdern zeigen, die mit den Wurzeln an den Meeren der Welt saugen. Vielleicht vergißt dieses Blatt auf eine kleine Weile, daß es nur ein Draht am Dasein hält und erhält ...«

Zwei Handkoffer

Besitz macht unfrei. Und wieviel Dinge gibt es doch, die ich nicht brauche. Ein halbes Dutzend Rohrplattenkoffer würde genügen, um die schönste Fahrt zu verekeln.

Und ich sah Vergnügungsreisende, die sich an den herrlichsten Punkten der Erde so sehr mit dem Abzählen und Abwiegen ihres Gepäcks zu sorgen hatten, daß sie Brieftasche, Frau, den Anschluß und sich zu freuen – vergaßen. Und wie viele Antilebenskünstler schleppen gerade die Umwelt mit, vor der sie fliehen.

Reisegrammophon, Familienalbum, elektrische Bügeleisen lasse ich die anderen mitnehmen und freue mich an der Nichtsnutzigkeit dieses Komforts. Wer keine Wahl hat, hat die Qual – und so wähle ich mit wohliger Lust aus.

In die zwei Handkoffer streue ich zuerst Insektenpulver. Dann öle ich die Schlösser, packe die wenigen Selbstverständlichkeiten ein und vergesse nicht:

Patenthosenknöpfe, Brustbeutel, Papiertaschentücher, Kragenknöpfe, Ledergamaschen, Stearinkerzen, Chinintabletten, Bauchbinde, Brechmittel.

Und dabei ist die Frage schön: Wie wird die Umwelt aussehen, in der ich diese Dinge wieder ans Tageslicht ziehen werde? Und herrlich ist der Gedanke – noch alle Freude vor sich zu haben. In mich selbst aber packe ich einige gewichtslose Überlegungen ein:

Erträumte Vorstellung und Erfüllung werden sich nie decken. Alle erlebte Wirklichkeit verkehrt die mitgebrachte Erwartung meist ins Gegenteil. Du kommst nie an, wo du willst, wo du zu jubeln glaubst, erlebst du einen peinlichen Darmkatarrh. Und wo das große Primitive erwartet wird, steht ein Wellblechschuppen mit Radiostation.

Wer das Einmalige nicht sucht, der findet es.

Wenn du dich gesichert und geborgen glaubst, stiehlt man dir den Fotoapparat oder es sticht dich eine Vogelspinne. Und der Weisheit letzter Schluß: Wo immer du die Welt suchen und finden willst, triffst du dich selbst – – –

Zu Gepäck und Sinnsprüchen finde ich eine Reisekameradin, die Franzi heißt, rote Haare besitzt und auch sonst keinem Engel gleicht.

So fuhren wir ab – – –

Irrfahrten im Mittelmeer

Im Flug nach Süden

Es war an einem apfelgrünen Morgen.
Wind wehte aus den Propellern und das Kamillenkraut auf dem Flugplatz zitterte.
Die Kabinentüre unserer Maschine stand offen – und der kleine Raum mit seinen vier Klubsesseln sah aus wie das Wartezimmer eines Kassenarztes.
Franzi und ich, wir sprachen kein Wort.
Die Weite der Welt lag noch als verschlossenes Paket vor uns und wartete darauf – geöffnet zu werden.
Und wir stiegen ein.
Hinter uns hatte ein junges Ehepaar Platz genommen. Ihre Köpfe machten ruckweise Vogelbewegungen und ich bekam das Gefühl, daß es nichts als Brieftauben sind, die während der Reise freigelassen werden – um wieder in das Hotelzimmer zurückfliegen zu können.
Der Motor sprang an. Wir hopsten über den Rasen und hatten den Augenblick übersehen, da sich die Räder vom Boden hoben.
Winkende Taschentücher, Gartenzäune, grasende Ziegen und die Schwerkraft der Erde blieben zurück.
Wir wurden zum Vogel, Wolke, Kinderluftballon und schwebender Jungfrau. Ich spürte, wie eine unsichtbare Nabelschnur zerriß.
Die Nase der Maschine wendete sich nach Süden. Die Türme der Stadt waren nur mehr Zahnstocher und die Wiesen, Felder und Wälder glichen einer gefleckten Bettvorlage.
Noch sahen wir auf den Landstraßen die Fuhrleute, die mit dem Rücken auf den Krautwägen lagen.
Franzi schrie mir ins Ohr. Ich verstand keine Silbe. Der Motor fraß jedes Wort. Und ich zog meinen Notizblock.
Sie kritzelte: »Wahnsinnig schön …!«
Ich schrieb darunter: »… Ja.«
Und sie: »… wie hoch?«
»Mir gleichgültig …!«
»1000 …!«
»Höher …!«
»2000 …?«

»Falsch ...!«

Ich sah hinab. Wir überflogen Dörfer und kleine Städte, die jetzt nicht größer waren als die Punkte im Schulatlas. Bauernhöfe wurden zu Weihnachtsbäckereien. Ein Herrschaftsgut war ein Zimtstern. Landschaften und Schicksale zogen wie in einer Laterna magica vorüber. Da starben Greise und wurden Kinder geboren ... In einem Kramerladen wurden vielleicht in diesem Augenblick Hosenträger gekauft, die Frau des Mesners schrobbt die Stufen zur Sakristei, der Lehrer schreibt das große »J« an die Tafel und im Armenhaus klebt eine Neunzigjährige eine Zehnpfennigmarke auf ihren letzten Brief ...

Vorbei ...!

Flüsse glichen blauen Krampfadern, Forste waren nichts als spärlicher Haarwuchs und ... jetzt der See ... sah als Glasauge zu uns herauf.

Dunkelgrüne Buckel rückten an. Dahinter stand in steinernem Aufruhr die Armee der Alpen.

»Wie granitene Götter sich aus dem Schlafe recken ...« dachte ich in diesem Anblick versunken, als Franzi wieder zu schreiben begann:

»... Willst du jetzt das Wurstbrot ...?«

»Nein!!!« notierte ich ihr zurück und dachte an die Majestäten aus Fels, Schnee und Eis.

»Warum nicht ...?« begann Franzi nochmals.

»Laß mich in Ruhe!«

»Du bist komisch ...!«

»Jawohl ... Schluß« schrieb ich zurück.

Jetzt schwebten wir zwischen Wetterstein und Karwendel. Die Zugspitze sah zum Fenster der Kabine herein ... Und Franzi aß in diesem großen Augenblick das Schinkenbrot mit den Essiggurken.

Aus den Tälern kam Wind. Die Maschine nahm den Wellenschlag von Höhen und Tiefen der Erde in ihren Rhythmus auf und begann zu schwanken.

Gleich darauf roch es in der Kabine nach Pfefferminz und Hoffmannstropfen. Ich sah zurück – und das junge Paar hatte die Ähnlichkeit mit Tauben verloren. Er kramte in der Handtasche herum und zog Pastillen und Medizinflaschen hervor. Sie wurde weißes Briefpapier und in ihrem Blick lag nur der Wunsch – auszusteigen. Ich öffnete das Fenster. Es wehte Schnee. Und die Bergluft prickelte wie Champagner. Zum Streicheln nahe wurden Steige, Hütten und Hänge. »Wenn man jetzt auf einen Jägerpfad umsteigen könnte, ließe sich ein Alpenflug zu einer Gemsenjagd erweitern …« dachte ich, während Gipfel, Grate, Felswände und Kletterkamine aus dem Nebel traten.

Dazwischen hüllten uns Wolken in Watte ein, die Morgensonne stieß wieder Löcher in die Ballen und wir flogen abwechselnd zwischen verhüllendem Grau und posaunendem Licht.

Eine Hand klopfte auf meinen Rücken. Der Herr hinter mir gab mir durch Gesten zu verstehen, daß ich das Fenster schließen solle. Ich schüttelte den Kopf und machte mit der Nase rümpfende Bewegungen, die sich auf den Geruch seiner Hausapotheke bezogen.

Da deutete er auf seine Frau, mich packte das große Mitleid und ich schloß das Fenster.

Jetzt aber kam aus dem Süden der Föhn, Luftlöcher entstanden und das Flugzeug wurde wie von einem Erdbeben geschüttelt.

Plötzlich sackten wir ab … Es war, als wenn in einem Warenhauslift das Seil gerissen wäre – – Die junge Frau hinter mir schrie auf … so laut, daß ich es durch das Geratter des Motors hörte.

Und immer wieder sanken wir und schraubten uns empor. Unten lag Innsbruck und der Inn. Gedankenlos stierte ich hinab. Da wäre vielleicht das »Goldene Dachl« zu sehen gewesen …? Aber wenn es Dachziegel aus Brillanten gehabt hätte – es wäre mir gleichgültig gewesen.

Denn in der Kabine lag der Geruch einer Desinfektionsanstalt. Und überm Brenner suchte auch ich nach jenen Tüten, die längst verbraucht waren.

Wie hatte ich mich auf das Erlebnis »Brenner« gefreut …!

Hier erfahren sogar die Regentropfen ihr entscheidendes Schicksal. Auf dieser Wasserscheide fließt der eine Tropfen ins Schwarze, der andere ins Mittelmeer.

Mein Frühstück kam noch nach Norden zu fallen. Aber das Paar heiße Wiener, das ich am Flugplatz hinunterwürgte, wird in die blaue Adria münden …

Das wäre etwas zum Nachdenken gewesen. Aber ich dachte nichts. Nur eine Sehnsucht verspürte ich nach einer kleinen Wohnküche, die nicht wackelt. Auf einem alten Kanapee wollte ich sitzen – und nichts um mich haben, als einen Schnittlauchstock, kochendes Teewasser und das Summen einer Fleischfliege.

Ganz Italien und der Süden war mir nur eine Ansichtskarte, die man in den nächsten Briefkasten wirft.

Und dies Erlebnis war Symbol für alles Erleben. Wenn schwerer Druck auf der Seele oder im Magen liegt, ist der schönste Punkt der Welt ein Brechmittel.

Nach qualvollen Minuten stieß mich Franzi in die Rippen. »...
Mailand ...!«
Im Gleitflug zog unser Vogel Schleifen um den verzuckerten Dom.
Die Gummiräder hüpften über italienischem Boden. Der Ehemann
hob seine Frau wie einen verbogenen Kristalleuchter aus der Kabine.
Ich schwor – mein Lebtag nicht mehr zu fliegen.
Am dritten Tag löste ich zwei Flugkarten nach Sizilien.

Sonne, Wein und Sterne ...

Statt ein Maultier, begann ich ein Tagebuch zu führen. Und schreibe
mir selbst sizilianische Ansichtskarten – –

Südliches Erwachen

Jetzt liegen draußen in der Landschaft ausgeschüttete Spielzeugschachteln, Wespennester sind an die Bergwände geklebt, wie aus
Gottes Hand gefallen ... noch schöpfungswarm ...! Pinien werden
zu Regenschirmen und überdachen die Lehmhäuser der Ziegenhirten, Zypressen ragen in den farbstiftblauen Himmel hinein und
schreiben mit unsichtbarer Schrift Briefe an die Unendlichkeit,
wozu ein Frühlingswind ihnen die Hände führt.

Syrakus wächst aus Land und Wasser empor. In der Hafenstation tanzen singende Gepäckträger einen Ringelreihen um unsere
Koffer. Die Frühstückstische stehen auf der Straße. Mausgraue Esel
schnuppern auf das Kaffeebrot zu. Himbeerrot liegen die Baedekerbände zwischen Feigen und Datteln. Die Sterne der Sehenswürdigkeiten glänzen darin durch alle Seiten hin. Aber die Sonne läßt sie
mit bronzenem Augenaufschlag zu Talmi erbleichen.

Die Droschkenkutscher werden zudringlich wie Stechfliegen.
Die Stadt erwacht zu Geschäftstüchtigkeit. Kaffeegeruch läuft die
engen Gassen auf und ab, Katzen springen aus den Friseurläden.
Die Bettler drapieren sich vor den Kirchentüren und verkaufen
Eintrittskarten zu Fastnachtsbällen –

Auf den Türschwellen tanzen Mädchen die Tarantella, während
die Madame durch die Jalousien singt ... Und das Meer, das herüber
von Griechenland brandet, nimmt den Gesang auf ...

Von den weiß gepuderten Türmen rufen die Glocken Mittag und
Siesta –!

Mittag

Da sind die Gassen so voll Sonne, daß man darüber stolpert ... und wir ließen uns mit heraushängender Zunge in eine eiskastenkühle Kellerkneipe fallen. Da ists still wie in einem Museum, aber nicht so einschläfernd und langweilig ...

Die beste Weinsorte ist bald gefunden – auch ohne Stadtplan. Ich verlange vom Wirt Käse ... Er bestätigt, alle Arten vorrätig zu haben.

Und ich bestelle – – Der Wirt verläßt durch die Hintertüre den Ausschank, sperrt ab – und kommt nach einer langen Weile zurück und zieht den bestellten Käse aus der Hosentasche ... Er war inzwischen in ein anderes Stadtviertel gefahren und hatte dort erst eingekauft.

Der Wein liegt hier wie ein großes Vermögen im Glas ...! Es sollen leben die Kilometer von München bis Syrakus ...! Es lebe der Zugkontrolleur, der vor Wichtigkeit sich den Finger in die Coupétüre einzwängte ...! Es lebe der Trambahnführer von Palermo, der seinen Wagen vollbesetzt auf offener Straße stehen ließ – um mit mir nach der Posta Centrale zu laufen ... Und es lebe der Sekretär vom Paßamt, der mir in mein Reisebuch ein fremdes Porträt geklebt hatte ...

Und wir saßen in der feuchten Spelunke, bis sich draußen die Pflastertemperatur mit der Kellerkühle ausgeglichen hatte ...

Lebendige Nächte

Vor dem Theater schwingen schreiende Bogenlampen. Eselskarren, Droschken, Autos und Kinderwagen kommen angefahren ... Das bleichsüchtige Zifferblatt zeigte einundzwanzig Uhr an.

Die erste Vorstellung ist soeben beendet. »Die roten Karten sind abgelaufen – jetzt gelten die blauen ...!« Die Musiker sitzen mit steifen Hüten vor ihren Instrumenten. Der Dirigent trägt einen kanarienvogelgelben Panama. Von den Rängen herab leuchten die Augen der Sizilianerinnen wie Magnesiumblitzlicht auf ...

Wickelkinder schreien in die Milchflaschen hinein. Nach der dritten Nummer des Varietéprogramms wird gerauft. Carabinieri laufen durch die Sitzreihen ... Pfiffe tönen von der Galerie herab. Weinflaschen fliegen gegen das Proszenium. Auf der Bühne singt eine Primadonna neapolitanische Volkslieder und internationale Tingeltangelverse wild durcheinander. Ihr wiegender Körper zerschmilzt vor Melodie ... Ihr Haar, schwarz wie chinesische Tusche, schlägt im Takt mit ...

Eine Szene mit Liebe, Tränen und Messerstich – geht als Singspiel über die Bretter. Das Publikum greift handelnd in das Stück ein, fordert den Intriganten zum Selbstmord auf, tröstet vom Parkett und Stehplatz aus die sentimentale Liebhaberin und trocknet die Tränen des unglücklich Verliebten ... Und so lange wird gesungen, geweint und gelacht – bis den Komödianten die Schminke als Sauce übers Gesicht läuft, den Musikern die Noten ausgehen und dem Dichter des Stückes die Einfälle. Dann saust der Vorhang wie ein Kugelblitz herab, die Wickelkinder schreien in die letzten Koloraturen der Heldin hinein und Beifall prasselt als Platzregen hernieder. »Die blauen Karten sind abgelaufen – jetzt gelten die grünen ...!«

Draußen wurde inzwischen unter dem sternenbedeckten Himmel die Mitternacht aufgebaut ...

In den Straßen funkeln die Auslagfenster wie Weihnachtsbäume. Die Läden sind offen ... Und der anspruchsvolle Reisende kann sich noch nachts vierundzwanzig Uhr einen Roman von d'Annunzio oder eine Schlafzimmereinrichtung mit Nachtkästchenbeleuchtung kaufen.

Ein Tag, von Morgen bis Mitternacht, biegt sich zu einem neuen um. Ein Tag mit Sonne, Wein und schwarzen Augen ist im Westen ins Meer gesunken ...

Im Lande der Götter

Im Speisesaal des kleinen Dampfers weint ein Kind. Eine Dame älteren Jahrgangs legt ihren Hund auf die Marmorplatte des Tisches und fängt Flöhe ...

Im Zwischendeck schnarchen Männer. Aus einer umgestülpten Chiantiflasche fließt Wein. Es sieht aus, als ob eine Wunde bluten würde ...

Meine Reisekameradin putzt die Schuhe mit der Zahnbürste, um den heiligen Boden Griechenlands würdig zu betreten. Die Sterne Hellas hängen als schlechtgeputzte Fuhrmannslampen vom Himmel. Eine Handbreite trennt mich vom Brausen des Adriatischen Meeres. Es schlägt mit Fäusten gegen die Schiffswand ...

Am Morgen sehen wir vor die schwarzen Albaner Berge die Insel Korfu gelegt.

Ölig, wie der gemischte Salat, mit dem wir in der Heimat unseren

Nierenbraten garnieren, liegt die Landschaft backbord. Aber bei näherer Betrachtung wirkt sie doch etwas heiliger und mehr der Götter voll. Drei blutige Kreuze kleben an den Türrahmen, in den Bäumen hängen Vogelkäfige und aus den scheibenlosen Fenstern singen Kranke.

Wir wandern durch Festtag, Kakteen, Staub, griechische Lettern, erfrorene Palmen und mit einer Schillerballade im Zwerchfell – ins sonnige Land hinaus. Landzungen holen weit aus wie deklamierende Schmierenschauspieler, und Zypressen stehen ernst wie vor dem Staatsexamen.

Jäh hupt es hinter der Straßenbiegung auf. Und in der Erwartung eines hundertpferdigen Lastautos springen wir in die Folterkammer einer Kakteenhecke. Ein riesiges Nummernschild wird sichtbar – und dahinter folgt ein Fahrrad, dessen Fabrikation mit Goethes Geburtstag zusammengefallen sein muß. Hierzulande hat das Fahrrad das Ansehen einer Luxuslimousine und sein Besitzer gilt als strahlendes Juwel am Heiratsmarkt.

In vier Sprachen improvisierend fragen wir uns in die Richtung einer original griechischen Spelunke durch, um dort in Diogenes-Romantik und Verachtung aller Zivilisation zu schwelgen. Unter dem Tor leuchtet uns das Plakat einer Nähmaschine entgegen. Am offenen Herd lächelt als Öldruck eine Sennerin mit Schmelzmargarine herab, ein Lautsprecher kräht »Carmen« und nur die Preise der Kokosnußlimonade sind echt und hoch.

Die ganze Insel scheint aus Zahlwörtern zu bestehen. Hier herrschen Einheitspreise. »Una Marki ...!« hallt der Kaufruf. In Musterkollektionen umtanzen uns handelnde Kinder. Eine Serie Ansichtskarten, ein Spazierstock, das Achilleion in Abendröte, eine Schildkröte, eine Auskunft oder die abgerissene Feldblume kostet je eine »Marki« ...

Die Sirenen des Dampfers heulen uns am Nachmittag zur Weiterreise zurück. Wir haben Zuwachs an Passagieren bekommen. Eine kleine Reisegesellschaft mit Hunger nach klassischer Umwelt bevölkert das Promenadedeck.

Und die Überfahrt nach Athen wird zu einer einzigen Prüfung. Jeden Steinwurf weit schwimmt eine Insel an, die kahlgefressen wie ein abgespülter Teller aussieht und plötzlich übervoll von Geschichte wird. Ängstlich werden in den Nächten die historischen Texte aus den Baedekern gebüffelt, um am Morgen der Dame von Außenkabine elf die fleischgewordene Auskunft über die Heldentaten eines homerischen Halbgottes servieren zu können. Opern werden mit Oden verwechselt, die Ilias wird Zimmerfräulein bei Plato, der Perserkönig Dingsda siegt bei Salamis, wo die bekannte Wurstart beheimatet ist ...

So erntet man auf Reisen in alten Kulturen immer neue Bildung, die sogar Meilensteine der Geschichte zu versetzen vermag.

Wir fahren in den Piräus ein. In Athen scheinen alle Staubwalzen mobilisiert zu werden, denn eine heilige Sandwolke umweht die Akropolis, die an manchem Sturz von der Quarta in die Tertia Schuld trägt.

Der Parthenontempel ist mit einem Gerüst geschmückt, damit der Laie überlegen kann – ob das Haus der Pallas Athene aufgebaut oder ganz abgebrochen wird.

Inzwischen bröckelt die letzte aufgesparte Weihe ab und wir retten den 95 Pfennig-Rest unserer Poesie hinter Mauern. Es raschelt vor den Füßen ... »Eidechsen ...!« erschallt ein Ruf – aber nur verknitterte Butterbrotpapiere fangen wir mit unseren tierfreundlichen Händen.

Da zirpt es im Mohn. Ich gehe dem Grillengeräusch nach und stoße an ein Americangirl, das auf einer jonischen Säulenscheibe den Weltrekord in Ansichtskarten aufstellt.

Am abwüchsigen Rande, der zum Odeion abfällt, steht ein Professor aus Bologna und bohrt vor Ergriffenheit in der Nase.

Und hier wohnten einmal Götter, die sich gegenseitig in Taschendiebstählen übten und nie ahnten, daß sie in diesem Gemäuer als Gipsfiguren, Preis je nach Größe und Bedeutung, verkauft würden. Eine Aphrodite kostet drei, fünf Stück zehn Mark. Wer Plastik nicht liebt, ersteht sich ein Götteralbum und kann so den Olymp komplett in der Brusttasche nach Neukölln verfrachten.

Immer wieder hört man Freunde der griechischen Mythologie nach der Hausherrin Pallas Athene fragen. Aber das Fräulein mit der Lanze scheint diese klassischen Stunden geahnt zu haben und ist beizeiten durch Wohnungstausch in den Bezirk platonischen Seins verzogen. Ihre Nachfolgerinnen sind die Reisebüros, die nach dem Aufbau der Göttervilla die Säulen mit Steckkontakten versehen werden ...

Das Athen von heute könnte ebensogut am Nordpol liegen, wenn es nicht ein paar Flecken Unsterbliches aufgespart hätte. Das moderne Viertel ist nichts als Bahnhofstraße, charakterlos uniformiert, glatt geschleckt, verfünfuhrteet und gähnend verstaubt. Die Wirte sind größenwahnsinnig und sehen in ihren Menüs eine Nachfolge von Platos Gastmahl, das mit in Rechnung gesetzt wird.

Aus dieser Enttäuschung retten wir uns auf den alten Marktplatz, auf dem einst die Philosophen wandelten. Hier kosteten vier Liter Gerstengraupen einen Obolos und die Quellen spendeten Wasser in Fülle. Vielleicht wurde an jener Säule der Satz geboren: »Wer Besitz verachtet, ist allmächtig.« Dort auf den Stufen saß Diogenes und war königlich erfreut über all die Dinge, die er nicht gebrauchte. Viel Weg und Zeit liegt zwischen der heutigen Schlagrahmbohème, den Kohlrabiaposteln, Seelenakrobaten und jenen reinen Toren, die den Tempel der Stoa erbauten, der heute noch in den Himmel ragt. Ich glaube, eine Schwabinger Zimmervermieterin hätte diesen Philosophen ihre Schlafstelle auf ewige Dauer gepumpt.

Jetzt ersetzt uns die Kamille den Kräutergeruch, der einst über den Markt und in die Nase des Sokrates wehte. Wind läuft vom Piräus her und streichelt den Mohn. Ringsherum hocken Hütten, die Armut schaut aus den Fenstern – und die Bedürfnislosigkeit der Stoa lebt in diesen Höhlen weiter, hält den Sinn umfangen, wonach »in der Sonne zu liegen – höchstes Glück ist«.

Wir stehen plötzlich vor einem Bau, der zwischen Leihhaus und Irrenanstalt schwankt. In Reihen gehen Besucher aus und ein. Soldaten winken uns ans Tor. Wir treten ein – und befinden uns in den Mauern eines griechischen Zuchthauses. Ein Wärter gibt zu verstehen, daß wir einen Künstler besuchen können, der schon seit zwei Jahren – wegen Hochstapelei, Schwindel und Bilderfälschungen sitzt.

Der Hof des Hauses gleicht einer gestellten Theaterdekoration. Händeringend wächst ein Feigenbaum in die Bläue des Himmels. Durch die Gitter drücken sich die Arme und Brüste der Frauen, die Mörder und Räuber besuchen. Männer weinen und die Wache raucht Zigaretten.

»Nur mehr drei Jahre habe ich zu sitzen – und dann nach Amerika ...« erzählt der Künstler.

Der Hof leert sich und nur die Sonne bleibt auf dem Pflaster kleben und beißt der Wache ins Genick. Vor dem Tore sitzt der Direktor der Anstalt auf den Stufen, schält Orangen und spielt mit einem Hampelmann. Wahre Gastfreundschaft haben wir nur in diesem griechischen Zuchthaus genossen. Draußen fährt ein Leichenwagen in flitzendem Galopp vorüber und der Kutscher lenkt seine stille Fracht durch die Zeitungshändler, die den Ausbruch der Cholera wie eine Arie trillern ...

Stille...! Wir stehen vor dem sagenhaften Gefängnis des Sokrates. Hier soll es geschehen sein, daß ein Mensch durch einen Trank lautlos aus drei Kerkern brach. Diese Höhle, ein zittriger Leib und eine armdicke Unwahrheit werden durch eine Idee gesprengt. Und millionenfältig muß, durch Jahrtausende getragen, dieser Augenblick immer wieder Ereignis werden – damit ein Stück Freiheit offenbar wird.

Drei Höhlen schauen uns an, drei Augen – über die der attische Felsen nie zu schließenden Lidern wird. Und so widerspenstig klebt hier um diesen Raum ewiger Tragik das Gemäuer, daß sich auch keine Fingerbreite als Andenken abbröckeln läßt. Und das soll heißen: Hier ist des Schauens genug, nehmt es auf und ihr geht zentnerschwer beladen mit Sokrates in euere Fernen heim …!

Das ist ein Flecken Erde, von dem schwer Abschied zu nehmen ist. Und noch im Weggehen sehen die verbrannten Grasbüschel wie haarige Oasen aus – die auf dem Haupte des braven Mannes Sokrates weiter wachsen.

Im Hotel aber erzählt mir ein Archäologe, daß dies sokratische Gefängnis »reiner Schwindel ist – – –«

Athen hat uns in seiner heutigen Gestalt nur vierzehn Flaschen Limonade spendiert, die wir als einzige Segnung seiner modernen Geistigkeit herüber retten. Was uns die großen Alten gaben, haben wir diesen Jungen nicht mehr zu danken – und man steigt nicht zweimal in die gleichen Kulturen.

Im Hafen von Phaleron fiebert ein Schiff vor Abfahrtsfreude.

Die Götter versinken in Nacht, damit Allah im Osten um so funkelndere Erscheinung werden kann. Und so reisen wir mit einem Nebensatz vom Okzident in den Orient – –

Unter dem sinkenden Halbmond

Während der Einfahrt nach Konstantinopel erzählt mir ein Zwischendeckler, daß er eine Platineinlage und Goldplomben verkauft hatte, um diese Reise finanzieren zu können. Der Mann hat Charakter und scheint ein weitsichtiger Kaufmann zu sein.

Mit dem Fez ist aus Stambul auch der Farbfleck verschwunden. Längst schleichen die Muselmänner mit Sportmützen und steifen Hüten zu den Waschungen in die Vorhöfe der Moscheen.

Hinter verhängten Parterrefenstern sehe ich Türken, die in Heimlichkeit, mit dem Fez auf dem Kopf, ihre vier Wände ablaufen und mit blumigen Flüchen die neue Zeit vermaledeien.

Am Bosporus werden die Paläste mit Ölfarbe bestrichen, damit der Marmor verschwindet. Und die Zeitungsstände sind mit französischer Boulevarderotik beflaggt. Nur die Trambahnbilletts tragen Zeichen des Ostens, um dem Fremden die Orientierung zu falschem Umsteigen zu erleichtern.

Das Goldene Horn ist mit Schiffen verstopft und nur eine Ladung Rizinusöl könnte hier freie Bahn geben. Auf der Fahrt nach Ejub liest eine Dame in sächsischen Klängen »Die Waldkapelle« – und zuckt zusammen ... Sie scheint im Angesicht der Minarette an jener Stelle angelangt zu sein, wo der Wilderer hinter der Eiche anlegt und der Vollbart des Erbförsters aus dem Nebel der Lichtung auftaucht ...

Der Halbmond sinkt über der modernen Türkei und Asphaltwalzen zermantschen die Fahne des Propheten.

Ein Fremder steht mit allen Zeichen des Bewunderns vor einer Moschee und liest aus dem Reiseführer, daß sie neben der Kuppel noch den Namen Aja Sophia trägt. Ergriffen erfährt er als Baujahr Anno 532, dem noch fünf Geschichtszahlen und acht Größenangaben folgen. Und der Sehenswürdigkeit ist wie einem gutsitzenden Anzug das Maß genommen. Aber gesehen hat er nichts. Wir sitzen zwei Stunden vor dem Tempel, und es war unmöglich, das Jahr 532, die Länge von 75 Metern und Kuppeldurchmesser von 32 Metern zu erschauen. Aber das Fließen des Brunnens und der Scherenschnitt zwischen Marmor und Himmelsbläue werden Erlebnis. Indessen der zahlensüchtige Fremde in seinem Hotelzimmer aus dem Stadtplan ersieht, daß er in Wahrheit vor der Moschee Achmed I gestanden hat, die andere Jahreszahlen und Längenmaße aufweist.

Einmal wird vielleicht die Zeit kommen, in der dem Fremden eine andere Art des Schauens aus Fremdenführern und Reisebüchern gegeben wird, die ihn nicht um kostbare Stunden bestiehlt, ihn nicht mehr an der Leine durch Museen schleift – sondern auf die Märkte führt, wo es lebendiger zugeht als vor einem Sarkophag, der vor tausend Jahren einen Herrscher barg, dessen Namen der Reisende im Laufschritt der Führung zum ersten Male erfährt.

Unter der neuen Brücke Konstantinopels erfühlt man im Schaukeln der Pontons den Rhythmus der Stadt. Die einstündige Wanderung unter dem Gegitter dieser Brücke läßt im Halbdunkel mehr Geheimnis ahnen, als da oben der sonnige Platz mit Zementsockel und Grandhotel. An den Enden der Brücken stehen mit Geldbüchsen bewaffnet die Zollmänner. Sie tragen taschenlose Kittel, um den Piaster nicht in der Hose verschwinden lassen zu können. Ein

Lastenträger schleppt eine zweimeterhohe Standuhr vorbei. Sein Rücken ist wie ein Fragezeichen gekrümmt – und es scheint, als müßte er die neue Zeit von Angora nach Stambul tragen.

An einem warmen Abend nehme ich Franzi an der Hand, um das Nachtleben des Goldenen Horns aufzusuchen. Kapitäne und Reisebüros warnen vor einem nächtlichen Besuch der Hafengassen Galatas. Deshalb sitzen wir schon in der ersten Nacht im engsten Spelunkengewirr, wo der Fischgeruch plastische Gestalt annimmt und die Katzenplage die Stärke des türkischen Heeres übertrifft. Um eine Fischblase fauchen eine Kompagnie Kater, Hunde springen dazwischen und Schutzleute patrouillieren daran vorbei.

Aus den Dachrinnen ziehen Gestirne, der Mond richtet sich im Wachstum nach der türkischen Flagge. Um blitzende Lampen sitzen in die Hofecken eingenistet die Schifferdialekte aller Erdteile. Abenteuerlich wie ihre Gesichter scheint ihre Rede zu sein. Aber vielleicht unterhalten sie sich über den Mechanismus eines Taschenfeuerzeuges, über den Stand der Kalipapiere oder über die Bügelfalten des Außenministers.

Wir sitzen auf arabischen Hockern, die Mokkadüfte der umliegenden Kaschemmen fließen zusammen, und aus der Sackgasse schaut ein hungriger Esel. Aufgerissen gähnt Galatas Pflaster, das eher einem Alpenrelief, als einer Verkehrsgelegenheit ähnelt.

Durch Zeichen der Hände kommt zwischen uns und den Spelunkenstammgästen die erste Nähe zustande. Hie und da erwischen wir ein Wort, das drüben verstehend aufgefangen wird. Stühle rücken sich entgegen – und bald sind wir zu einer einzigen Runde geworden. Der Sinn eines Satzes braucht eine Stunde Zeit, bis er auf Umwegen verstanden ist. Zigaretten werden ausgetauscht, Händedrücke überbrücken Grenzen, Religionen und Kulturen. Und um Mitternacht verschwindet dann und wann eine Gestalt im Haus, um uns Familienpapiere und Fotos zu zeigen. Frauen holen serienweise ihre Kinder aus den Betten und tragen sie auf die Gasse.

Ein Vollbärtiger schmeißt eine neue Runde Mokka und da wir zahlen wollen, werden ihre Gesichter ernst und betrübt. Der Schutzmann, der es anfänglich für seine Pflicht hielt, Fremde bewachend zu behüten, ist längst abgezogen. Alle Umwelt ist zu einer Nacht der Freundschaft geworden. Frühlingsgrün zieht der Morgen in unsere Gasse, wo wir uns von diesem »Verbrecherviertel« wie von Verwandten verabschieden. Und wo wir Räuberromantik vermuteten, trafen wir auf Freunde und Brüder – und nehmen als

Reiseandenken ein paar Stunden mit, die uns zu Tausend und einer Nacht werden.

In diesem Hochgefühl springen wir auf einen Fährdampfer, der in einer Viertelstunde Europa mit Asien verbindet. Und in Skutari betreten wir zum erstenmal den Boden des östlichen Erdteils.

Schuhputzer klopfen einladend auf ihre Kästen, die ihre arme Existenz enthalten. Neunjährig fängt man hier das Gewerbe mit einer leeren Zigarrenkiste und einer kahlköpfigen Bürste an, und wer Glück hat im Geschäft, bringt es im Alter zu einer messingbeschlagenen Truhe mit zwölferlei Crèmes und fühlt sich von Allah behütet.

Den ersten asiatischen Eindruck gab uns ein Herrenkonfektionsgeschäft mit Smokings, Schildermützen und Gummikragen. Pasing vor München oder Berlin-Schöneberg können nicht asienfremder aussehen. Die Landschaft könnte in Niederbayern liegen und nach Kirchweihkrapfen und Speckknödel riechen. Erst an den Brotzeiten, die von den Lehrbuben in die offenen Handwerksbuden getragen werden, merkt man, daß man in einer anderen Welt spazieren geht. Am kleinen Finger hängen vier Kaffeetassen und das ist die Vesper für die gleiche Anzahl Männer.

Der Trödelmarkt von Skutari ist schöner als alle Panoramen. Neben der Wasserpfeife träumt die Gießkanne. Vogelkäfige und Kamelhalfter wärmt der gleiche Sonnenstrahl. Aluminiumdeckel liegen über dem Öldruck »Susanna im Bade« und die Petroleumlampe scheint lichtlos in die Tiefen eines Waschzubers. Die Art des Lagerns mitten am Hauptplatz, der Beziehungswahn dieses Auswurfes und die Selbstgefälligkeit, mit der hier der Kochlöffel, wie ein Filmstar an der Riviera, im Sonnenbad liegt, gibt Originalität –. Jeder Reisende muß auf den Gipfel des Bulgurlu, denn sonst kann er sich als Kulturmensch und Naturfreund an der Table d'hôte nicht sehen lassen. »Burgurlu – das ist der Gipfelpunkt, von wo aus das Auge den unbeschreiblich himmlischen Blick über Konstantinopel und den Bosporus hat ...« steht in den Reiseführern.

Da dieser Blick unbeschreiblich ist, kann darüber nichts geschrieben werden. Im übrigen hängt dieses Panorama in allen Wartezimmern von Zahnärzten fast in seiner natürlichen Länge über dem Sofa und kann so bei Gelegenheit einer eitrigen Wurzelhautentzündung um billiges Geld genossen werden ...

Wenn eine Totalansicht auch eine Totalerschauung des Wesens wäre, so würden ein Dutzend Panoramablicke genügen, um diese ganze Erde auf bequeme Art restlos zu erleben ...

Die Straße von Bulgurlu herab zieht sich wie ein Ehescheidungsprozeß in die Länge. Auf offener Strecke halten wir einen rasend gewordenen Trambahnwagen an – und sehen, daß der Führer einen steifen Gokshut trägt. Während der Weiterfahrt reibt er alle Hebel auf. Zweimal springt die Stange aus, Funken knistern und die Teilstrecke wird zum Feuerwerk. An der vorletzten Station steigt der Mann mit dem Goks aus – und der uniformierte Führer, der inzwischen in der Wagenecke geschlafen hat, fährt weiter. In Asien dürfen also Fahrgäste an den gefährdetsten Bergstrecken nach Belieben »Trambahnführer« spielen – und zu spät haben wir diese günstige Gelegenheit erkannt.

Noch ein Blick auf die Aquarien, in denen am Quai Galatus Butter und Käse hausiert wird – und eine polierte Meeresfläche glättet den Aufstand der Geschichte, die uns hier der fezlose Orient gab.

Momentaufnahmen aus dem gelobten Land

Wie wir einst im Klassenzimmer mit dem Finger über die biblische Landkarte fuhren, eine kleine Weile auf den heiligen Stätten verweilten, die auswendig gelernt werden mußten, so sausen wir jetzt mit der Schnelligkeit eines Gehirnprozesses kreuz und quer durch das Land, wo einst Milch und Honig floß – –

Ein weißer Gischt zerreißt die Wogen wie Papierfetzen und wirft unsere Barke vor Haifa ans Land.

Karawanen ziehen, aus einer Zementfabrik heult die Sirene, England durchschnuppert unsere Pässe, und der Karmelberg brummt biblische Geschichte.

Auf der Eisenbahnfahrt nach Jerusalem liegen, vom Coupéfenster eingerahmt, Meer, Sand, Siedlung und Orangenzucht Kanaans.

An den Bahnhöfen braten gefangene Landstreicher in Ketten.

Herdendurchzogen steigt das Gebirge Judäa empor. Beduinen kehren von einem Volksfest heim und versuchen auf ihren Apfelschimmeln ein Wettrennen mit unserer Lokomotive. Jeder Weg könnte schon hier nach Gethsemane führen. Die Sonne fällt als Blutorange in die Schürze der Nacht – und wir rollen in die Station Jerusalem ein – –

Als Panorama sehe ich nur einen Waggon Zwiebel. Schabbes ist angebrochen, und die jüdischen Chauffeure feiern. Vor den Mauern der heiligen Stadt entbrennt ein Kampf um das Automobil …

Am Jaffator gibt der jerusalemische Verkehrsschutzmann die Einfahrt zu den winkligen Gassen frei.

In der Mitte eines arabischen Kaffees steht ein Aquarium mit Goldfischen, und im Nebenraum hängt an der Wand eine Theaterdekoration mit aufgemalten Taxushecken herab, vor der Araber in Rokoko-Kostümen Komödie spielen.

Dreimal in der Woche hat Jerusalem Feiertag. Freitag ist Ruhetag der Mohammedaner, Samstags trifft der Sabbat, und die Christen schließen am Sonntag ihre Geschäfte. Und an den geschlossenen Buden kann so jeder Fremde die Konfession der Firma feststellen.

Jenseits aller Reiseführer wandern wir in vier Stunden um die Mauern der heiligen Stadt. Drei Jahrtausende werden an einem Vormittag umkreist. Alter und neuer Bund wehen im Umblättern der Seiten zusammen. Jeder Stein wäre reif für ein historisches Museum. Bäume reden Bibelsprüche, Hügel verkünden Wunder, und Wege sind mit Erlösung und unsichtbaren Wegweisern ins Himmelreich geschmückt. Um Absaloms Grab kriechen Tausendfüßler, im Kidrontal sonnen sich Skorpione, schweinfurtergrüne Eidechsen rascheln auf und Schmetterlinge umflattern das Grab Mariens. Im Garten Gethsemane hocken die Ölbäume wie die schlafenden Jünger und warten auf ihren Herrn, indes immer wieder ein Kelch an der Welt vorübergeht. Leise tickt nebenan in der Sakristei eine Regulatoruhr, und noch sachter zupfen die Fremden Zweige und Blumen vom leidgetränkten Garten der Erde.

»Nach der Tradition stand hier – – –« so beginnen alle Führer die Erklärung der heiligen Stätten. Zuweilen sieht man dieser Tradition die orientalische Phantasie an und die Vernunft streikt.

Aber irgendwie hält der Rahmen dieser Landschaft, halten diese Tore und Gassen alle Evangelien aufgespart, und man erwartet es wie eine Selbstverständlichkeit, daß aus der nächsten Quergasse Jesus mit seinen Jüngern hervortreten könnte.

In der Grabeskirche ziehen Prozessionen gegeneinander, die Via dolorosa wirft Schatten, die wie segnende Hände aussehen, und die Ampeln über den Altären erleuchten die Wunder, die von hier aus die Herzen der Gläubigen bewegen.

Über Bethanien rasen die Autos der Reisegesellschaften dem Toten Meer zu. Bergwüste nähert sich in Dolomitenwucht. Felsen zerspringen, und verschlungen fällt die Straße mit achtzig Automobilen fast vierhundert Meter unter den Meeresspiegel ... Jetzt sind wir in gleicher Tiefe mit versunkenen Kreuzfahrerflotten, Tintenfischen und Seesternen. Badehosen drängen sich an den Strand der fünfundzwanzigprozentigen Lauge, und die europäischen Schwergewichte liegen, gegen jeden Untergang versichert, auf dem Wasserspiegel.

Drei Reichsmark kostet hier eine Handvoll laues Süßwasser, das zur Reinigung von der Salzkruste nötig ist. Zentnerweise fällt der Durst in die Kehlen. Der Atem steht kurz vor Torschluß, und aus den Kühlern der Autos kocht es wie aus Schnellwäschereien.

Am Jordan versperren mehrere tausend Pferdekräfte die Ansicht der Taufstelle. Moskitoöfen rauchen wie Altäre an hohen Feiertagen.

Ein Quadratmeter Schatten wird hier höher als ein Klavier geschätzt – und kann von den Muselmännern leider nicht als Reiseandenken verhandelt werden.

Und ein Schlummerstündchen auf dem heimatlichen Sofa ist ein ander Ding – als eine mittägliche Autofahrt durch die Wüste Judäa. Eine Gnade ist die Kühle in Bethlehems Geburtskirche. Aber Gartenstühle, die hier wie auf Bierkellern an den Altären stehen, wären als Unterstreichung nicht mehr nötig gewesen. Vor der Krippe ist ein Schutzmann postiert, um die Stelle vor Religionskriegen zu bewahren.

An dem Verkündigungsfeld der Hirten knattern Motorräder vorbei, und die Bakschisch werden wie mit dem Lasso eingefangen.

Durch Judäa, Samaria und Galiläa ist das Land zur Linken und zur Rechten mit den Büchern der Propheten tapeziert. Der Brunnen Jakobs würde samt seinen Weiden noch heute von den Alten erkannt werden. Hier stand die Zeit still mit dem Finger auf dem Worte der Patriarchen. Malariastriche wechseln mit Paradiesen, Öde und Leere mit überströmendem Saft.

Und in der Tiefe liegt der See Genezareth mit seinen biblischen Fischen, von denen ein Hotelier Tiberias eine Anzahl wie eine Schmetterlingssammlung im Foyer ausgestellt hat. Die Ufer des Sees sind mit Bienenschwärmen und Wespennestern umsäumt und dämpfen die Ladung zum Bade. Aber von der arabischen Wüste her treibt uns der plötzlich einsetzende Samum mit Nilpferdpeitschen ins Wasser.

Die Tempi erstarren. Und alles geht wie auf Beerdigungen. Der Tagesimbiß schrumpft auf zehn Liter Wasser zusammen. Die Sonne rollt über die flachen Dächer der Stadt Tiberias. Und selbst für Sachsen ist hier die Grenze des Ansichtskartenschreibens erreicht.

Nazareth wischt uns das Wasser vom Gesicht. Pilgerprozessionen wandern zu Josefs Werkstatt und fragen nach den Hobelspänen. Bildhungrige Fotografen warten in den Gassen auf Kamele, um einen malerischen Vordergrund auf die Platte zu bekommen. Kamele sind die Säulen des Orients. Der Araber benennt nach ihnen seine Frauen. Und bei ihrem Tode klagt er: »Lebe wohl, mein liebes Kamel – du hast mir ein Leben lang meine Lasten tragen helfen ...!«

Zwischen Nazareths Palmen blühen die Lampen des Himmels auf. Weich und fettig sind die Nächte.

Und die Frauen schleichen hinter den Fenstern hin wie Katzen und sehen zu ihrem Herrn hinüber, der im Kaffee unter freiem Himmel die Wasserpfeife raucht und sie an den Pflug spannen darf, wenn es ihm beliebt ...

Im Suezexpress

Ich erwachte unterm offenen Bullauge und zog mich empor. Das Hafengeschrei von Port Said riß mich aus dem Schlaf. Gespannt erwartete ich den ersten Blick auf Afrika: Der erträumte westöstliche Divan riecht nach Benzol. Meine Freundin steht am Fallreep und läßt enttäuscht die Augäpfel heraushängen.

»Und das ist Afrika ...« sprachen wir gleichzeitig.

Maschinen heulen.

Afrika trillert sein Morgenlied und in den Luxuskabinen erwachen die Puderquasten.

Alte Unterhosen, Büstenhalter, Bauchbinden und Florstrümpfe fliegen aus den Bullaugen. Dem schwimmenden Lumpensammler von Port Said werden sie zu silbernen Sternschnuppen, die er mit Schokoladehänden aus dem Wasser fischt.

Jetzt zieht er ein Berliner Zeitungsblatt in seinen Kahn, wo Inventurausverkäufe, Todesanzeigen und »Ehrlich gemeint« im Sonnenbad Afrikas die letzten Reste ihres Zweckes aufgeben.

Weiß und weich schiebt sich der Suezexpreß in den Hafen ...

In den Warteräumen des Bahnhofs gibt es statt Stühle nur Fliegen. Der Saal scheint von Heuschreckenschwärmen bis auf vier Wände kahlgefressen zu sein. Orient blüht um den Gepäckträger auf. Er besitzt zwei Frauen und einen dreifachen Tarif.

Durchs Coupéfenster glitzert der Suezkanal wie die Litze eines Unteroffiziers. Wüste und Meer schiebt sich im Menzalosee ineinander.

Der Zug rast in fieberndes Tempo hinein und noch immer hängen Fezhändler an den Waggontüren, gießen Wasserverkäufer Limonaden durchs Fenster in die Tropenhelme der Reisenden.

Zur Linken ist mit dem Lineal der Suez in übermenschlicher Einförmigkeit am Gleise entlang gezogen. Und das ewig Geradlinige läßt erst das Wunderwerk dieses Trennungsstriches zweier Erdteile ahnen. Hier kann man vom Waggonfenster aus – leere Konservenbüchsen von Afrika nach Asien schleudern. Und in drei Sekunden sind zwei Welten überworfen. Auf der Afrikaseite badet ein Baggerarbeiter – und drüben in Asien liegen Hemd und Hose ...

Der Staatenatlas des ganzen Globus zieht, auf die Masten der Schiffe geknüpft, im Kanal vorüber. Auf einem kleinen Frachtdampfer hängt die Frau Kapitän Kindswäsche in die ägyptische Sonne, und die gleiche Wärme, die einst die königlichen Leiber von dreißig Dynastien austrocknete, strahlt jetzt über das baumwollene »Mamas Liebling«. Von einem englischen Steamer her weht der Geruch von Beefsteakes, wozu ein Saxophonbläser am Achterdeck seine Morgenandacht in die Wüste miaut.

Vereinzelt hocken Fellachendörfer im Wüstensand herum. Über ihrer lehmigen Armseligkeit wedeln die Palmen als Fanfaren höchst königlicher Überhebung.

Aus dem Suezschilf singen Vögel die Kabarettlieder der Wüste. Kanäle biegen hart an die Bahn.

Am Horizont wechselt die Wüste ihre Farben. Blendendes Weiß steigt auf, schreiendes Rot flutet dazwischen, Gelb überwältigt alles ...

Der Südwind schlägt als Brandung die ersten Sandwellen durch die geschlossenen Fenster. Die Holzjalousien sausen herab. Aber im Abteil wirbelt der Staub. Jeder Biß der Zähne knirscht auf Sand. Und das Erlebnis der Wüste beginnt mit dem Gefühl – »jetzt sind dir alle Plomben ausgefallen ...!«

Europäische Kinderfräulein fühlen unbewußt den Antrieb – ihre Kleinen mit Kübel und Schäufelchen zum Puddeln in diesen größten Sandspielplatz der Erde zu schicken.

Ein Herr meines Abteils konfrontiert die Wüstenlandschaft mit den bisher gesehenen Abbildungen auf Zigarettenschachteln und nickt befriedigt: »Stimmt ...!«

Lampenschirmhell schimmert das giftige Grün der ersten Oasen auf. Palmenwälder rauschen, Kamele ziehen wie Minutenzeiger im Kreise und schöpfen Fruchtbarkeit in die Felder.

Da reitet ein Muselmann mit geschultertem Sonnenschirm und Dattelkernen im Mund am Bahndamm entlang – und seine Fersen ziehen Gleise in den Staub der Landstraße. Und dort unter diesem Laubdach rasten Mann und Weib mit ihrem Kind – und wenn wir zweitausend Jahre eher vorübergefahren wären, müßten es Maria und Josef mit dem Jesuskind gewesen sein – auf der Flucht nach Ägypten.

Wie Telegraphendrähte durchschneiden die bleierne Luft jene Gebete, die von den Minaretts der Dorfmoscheen herabfallen. In die Furchen der Äcker sind gläubige Leiber geworfen und das Lob Allahs blüht tausendfältig daraus hervor.

In den Gängen der Pullmanwaggons riecht's nach Orangen und Früchtebonbons. Unbemerkt stieg der Durst mit ein – und von Station zu Station macht er sich breiter und belästigt die Ladies Erster Klasse.

Immer näher scheinen die Abteils gegen die überhitzte Lokomotive vorzurücken.

Draußen tanzt ein Jahrmarkt. Vor Kaffeehäusern lagern Kamele, Esel und Polizisten durcheinander. Kinder balgen sich um Tabakstummel. Frauen tragen mehr Lasten auf dem Kopf – als mancher europäische Akademiker inwendig. Auf den Dächern liegen die Misthaufen, und Hühner scharren durch die Decke den Muslim in den Schlaf. An den Süßwasserkanälen weiden Herden, und Barken setzen Karawanen über.

Man reibt sich mit Zitronenschalen die Stirne, verschwendet die letzten Reste Kölnisches Wasser.

Nichts hilft. Der Durst sitzt überlebensgroß in allen Coupés und macht die Reisenden zu Dünstobst.

Im Süden steigt das Mokkadamgebirge in die Schmorpfanne des Himmels hinein. Die Straßen werden zu Ladentischen. Die Mäuler der Dromedare heben sich und ahnen die Ställe. Im Kessel liegt, von zwei Wüsten garniert – Kairo – die Stadt ohne Wetterbericht.

Jacken werden zu Pelzmänteln, Strohhüte verwandeln sich auf dem Kopf in Stahlhelme.

Kunsthoniggelb leuchten die Gesichter der Fahrgäste.

Eilig fahren Damenhände in die Handtaschen, um sich eine kirschrote Oase um den Mund zu streichen.

Aber – während der Fahrt waren die Lippenstifte geschmolzen.

Einmal ist's auch schön, wenn Rouge statt zwischen Lippen – an zwei glühenden Erdteilen zerschmilzt ...

Das Ende von 1001 Nacht

Der Verkehrsschutzmann in Kairo schwankt zwischen Vorstadtkonditor und Prince of Wales. Man glaubt seinen Händen, daß sie eher ein Orchester – als den Verkehr dirigieren. Die Verkehrsordnung ist nach rechts orientiert, und der Orient fährt links und rechts. An Fußgängern, die ausweichen, erkennt der Fahrer den Fremden. Der Muselmann läßt alle Fahrzeuge um sich herumkreisen und spuckt, ohne Blick auf Verkehrsknäuel, die Dattelkerne an seinem Bauch herab.

In den Höfen ruhen Kamele und ihr Futter ist noch grüner als das Papiergras, das wir unseren Osterhasen zu Füßen legen. Es blendet wie das Weiße in den Augen schielender Fellachinnen. Das Maul eines Kamels scheint in den Freßbewegungen nach dem Taylorsystem zu arbeiten und die Mahlzeit zieht sich am laufenden Band in die Höhe.

Zehn Schritte entfernt wehen Teppiche aus Smyrna und Sachsen. Ein Schokoladefabrikant ersteht sich sechs Fußabstreifer, die nebeneinandergelegt – das Bild der ausziehenden Karawane nach Mekka ergeben. Der Fremde sorgt, daß die orientalischen Kunstwerke wieder in die Heimat zurückkehren.

Durchs Dämmerlicht der zeltüberdachten Gassen schiebt sich ein Trauerzug. Hinter jedem Mauervorsprung kommen Beerdigungen. Sonst müßte man vergessen, daß zwischen diesen Nelkengerüchen, Rädergepolter, Limonadengeschrei und Bettlergesängen noch Menschen sterben könnten ... Über unseren Köpfen voll von Rosenwolken schwankt ein Toter, hoch erhoben auf der Bahre, hinter der mit fatalistischem Lächeln die Trauernden mehr ihre Ergebung als ihr Leid tragen.

Plötzlich nähert sich von der anderen Seite her eine Cook-Karawane mit dreißig Fremden-Automobilen. Der Verkehr stockt wie saure Milch. Eine Stunde währt das Geschiebe durch die Bezirke der Bazare. Aber hier hemmt nicht Verkehr den Verkehr. Dahinter steckt ein farbiger Fetzen Wunderglaube und will begriffen sein. Aus Läden, Höfen und Häusern drängen sich Menschen in den Knäuel und versuchen, sich am Anderen mit dem Ellenbogen zu streifen, denn, wenn ein Toter vorübergetragen wird, bringt das gegenseitige Wischen der Ärmel Glück und langes Leben. Ein kaum sichtbarer Aberglaube – und nicht die dreißig Automobile Cooks drängen im Morgenlande den Verkehr zum Stillstand.

Tausendjährige Kulturen und Europas Frisiersalone krachen gegeneinander. Hier spielen neben dem Rinnstein Araber Lotto, und dort fährt die Teerwalze vorbei und asphaltiert die Straßen. Eine Karawanserei ist gleichzeitig Autogarage, auf dem Bauche eines Dromedars liegen geplatzte Reifen – und der Wächter sieht abwechselnd dem Kamel ins Maul und bastelt am Vergaser eines Fordkarrens herum.

Purzelbäume schlägt die Welt rund um die Grandhotels. Liftboys drapieren die Freitreppen.

Im Herzgebiet der Fremdenpaläste sehen mir aus einer Anlage die so beliebten Gartenzwerge, Glaskugeln in allen Regenbogenfarben und der »Elfenreigen« im Goldrahmen entgegen …! Die Zwerge wärmen sich in ihrer gußeisernen Pracht in der Sonne Ägyptens, und sie haben millimetergenau das Lächeln wie vor unseren Springbrunnen. Die Glaskugeln sehnen sich nach Bahnwärter-Vorgärten, und der Elfenreigen will auch hier das eheliche Glück in die Schlafzimmer auf Abzahlung tanzen. Der Kitsch ist international, und der Geschmack an ihm hilft mit – die Völker einander näherzubringen.

Ich nehme Abschied vom bronzierten Schneewittchen im Märchenschlaf, das, einen Meter dreißig lang, neben einer Sphinx ruht und an dem Hals das Etikett »Made in Germany« angehängt hat.

Im Rücken dieser Hotels lehnt der brüllende Gegensatz. Um Mauerbreite von Dancingrooms und ambraparfümierten Schwimmsalons getrennt, kauert das Grauen. Da ist die Straße zum Schlafsaal geworden. Greise, stillende Frauen, nackte Kinder rücken sich im Rinnstein, über Kanalschächten und Kellergittern, Abend für Abend eine Nachtruhe zurecht. Steine werden zu Kopfkissen, Staub und wieder Staub zu Flaum – und Straßenkehricht fällt als Traum über sie her. Zuweilen liegen sie mitten am Gehsteig, neben Trambahnschienen – und man weicht ihrem Schlaf aus, wie einem Haufen Mist. Aus den offenen Fenstern der Luxusetablissements fallen Jazztakte und Börsennotierungen auf sie herab, aus der Flucht der Küchen ergießen sich Pfannenabfälle, und die vorbeisausenden Fahrzeuge streuen Sandschicht um Sandschicht über die Gesichter der Schlafenden. Und wenn der Fremde, das Antlitz voll vom Gefühl des Frischrasiertseins, um zehn Uhr morgens den Sehenswürdigkeiten zurennt, liegen die Armen noch mit der gleichen Gebärde über die Steine gebettet. Mit arabischer Bräune sinken sie am Abend hin – chinesischgelb erheben sie sich gegen Mittag. Und Nacht für Nacht ... »Nehärak sa id ...!«

So – als wäre im Königspalast ganz Hollywood zur Kur versammelt, zeigt sich die Fassade von Fuads Residenz. Schilderhaus steht neben Schilderhaus, die Wachen glänzen wie frischgeputztes Kupfer eines Auskochgeschäftes, und am Hauptportal sehe ich zwei Schilderhäuser, in denen regungslos, wie zu einer Großaufnahme, je ein Posten hoch zu Roß untergebracht ist.

Die Uniformierung der Welt braust durch die Wüste, und der Orient wird bald nur zur Kostümverleihanstalt herabgesunken sein, aus der die moderne Kultur ihre Maskenfeste nimmt.

Heute steht am See Genezareth eine Maschinenfabrik, in der Wüste Judäa erschallt »Valencia«, über Beduinenzelten summt die Metropolitan-Oper – – –

Und morgens schon werden die Wände der Pyramiden als Reklameflächen für Kalifornischen Obstsalat vermietet sein.

Und flüchtend wandere ich den Nil hinaus, wo sich die Heerstraßen Europas im Schlamm verlieren. Da liegen die Kutter schlafend an die Ufer gelehnt und träumen von Krokodilen, die nur mehr im Zoologischen Garten und auf Ansichtskarten zu sehen sind.

Ihre Masten sind Stacheldrähte, die sie gegen die anstürmende Zementkultur errichten. – Und nur Liebespaare werden in ihr Schaukeln aufgenommen, wenn sie der Schiffer für fünf Piaster auf seine Barke führt.

Und das samtene Plätschern der Wellen kommt – wie durch Jahrtausende getragen – und klopft an die altersschwachen Wände Versenkung und Traum – – –

Draußen fällt von Tausend und einer Nacht Stück für Stück in den Schmelztiegel Europas – – –

Wo die Fremden geschlachtet werden

Weniger aus Originalität, als aus Gründen der Billigkeit, fahren wir mit der elektrischen Straßenbahn zu den Pyramiden hinaus.

Keine Hyäne springt karlmayisch dem Wagenführer an die Gurgel, und Löwengebrüll kommt uns nur aus den Grammophontrichtern der arabischen Kaffeehäuser entgegen.

Am Gleis entlang baden sich in den Resten der Nilüberschwemmung die Feldarbeiter,... und Franzi steigt der Vergleich auf, daß sie wie Pralinen aussehen.

Während der Fahrt springen Serien von Hausierern auf und bleiben an den Fremden hängen.

Sie verkünden durch ihre Gegenwart das Nahen der Pyramiden ... Und die Hälse vieler Nationalitäten drehen sich um einhundertachtzig Grad.

Zuerst steigen die Dreiecke wie Reißbrettzeichnungen auf, wachsen und werden breit, bis die größte – die im Baedeker vorgeschriebene Höhe von 137,2 Meter erreicht hat.

Endstation ...!

Die angeheizten Sitzplätze werden mit dem Rücken der Renommierkamele gewechselt. Und ein Dutzend südliche Bahnhofhallen ineinandergeschachtelt ergeben noch nicht die Fremdenschlächterei, die sich zwischen Geldwechsel, Eselmist, Stockschlägen, Taschendiebstahl und Autogebrüll erhebt.

Dromedarmäuler streifen Pariser Boulevardseide, Bakschischhände strecken sich vor die Objektive der Kodaks, und aus den Reisehandbüchern hängen die Stadtpläne wie rote Kalbszungen heraus.

Dazwischenhinein klatschen die Nilpferdpeitschen der berittenen Polizisten.

»Mehrere Jahrtausende sehen auf euch herab ...!« liest ein Münchener Gastwirt die Worte Napoleons an seine Armee aus dem Reisebuch.

Heute sehen von den Pyramiden die eingemeißelten Grüße von den obersten Quadern herunter. Denn immer wieder besteigen Touristen mit Schildmütze, Thermosflasche und patentiertem Lodenhuthalter die Plattform der Cheops. Und das mitgebrachte Stemmeisen rettet ihren Textilnamen in die ewige Dauer der Grabmäler hinüber.

Jetzt wälzt, schiebt und drängt sich zusammenakkordiert, auf Kamele geknüpft und an Dragomans verkauft – der Fremdenknäuel an den Fuß der Steinhaufen hinauf.

Feldstecher, durch deren Blickfeld noch vor Tagen der Lohengrin eines mitteldeutschen Stadttheaters mit Panzer, Schwan und Satthals marschierte, werden aus Etuis gezogen und durchstechen die Wüste.

Auswendig gelernte Kunstgeschichte wird wie Butterbrote ausgepackt. Die Dame aus Großhennersdorf hat sich das Gebuddel der Pyramiden größer vorgestellt.»Ohne jedes Ornament – im Verhältnis zur Höhe der Anschaffungskosten ...!«

»Direkt ordinär schaut dieses Frauenzimmer aus!« Aber diese Quadern haben schon alle Interjektionen der Erde gehört. Ewig kolossal sein zu müssen, macht schweigsam.

Hinten rutscht die Sonne über die Tischkante des Horizontes. Die winzige Dämmerung bringt nochmals eine Trinkgeldseuche hervor.

Der Ausruf: »Schau, der kleine Esel ...!« lockt den Treiber an, und der ahnungslose Fremde hat für seine Bewunderung einen Piaster zu bezahlen. Das Knipsen eines Kamelschwanzes ist noch kostspieliger.

Franzi nimmt mitleidig und kinderliebend ein dreijähriges Arabermädchen in den Arm. Die Kleine klebt wie ein nasser Malzzukker. Und das Vergnügen muß mit fünf Piaster bezahlt werden, die die Arabermutter drohend einkassiert.

Die Nacht scheint wie von einem Puppenspieler aus den Schatten der Pyramiden gezaubert zu werden.

Und diese größten Dreiecke, die je über der Welt errichtet wurden, werden jetzt für die Scheinwerfer der Automobile zu Projektionswänden eines Kinos. Sektpfropfen ausländischer Millionäre knallen die zweihundertvier Stufen hinauf und herunter, und auf der Pyramidenstraße trabt das letzte Renommierkamel seinem Stalle zu.

Von den Fremden nimmt jeder seine eigene Einstellung ins Hotelzimmer mit. Man trägt die Pyramiden in der Westentasche, schleppt sie durch die Gassen Kairos, zieht sie durch alle Träume und findet sie am Morgen neben dem Kautschukgebiß auf dem Nachtkästchen liegen.

Um Mitternacht sitze ich am Fischmarkt. An meinen Füßen beginnt es zu krabbeln. Von hinten her pirschen sich durch die Stuhlbeine zwei Stiefelputzer. Und jeder poliert an einem Absatz herum, indessen ein Dritter die Falten meiner Hosen bürstet.

Seit dem Anblick der Pyramiden ist Franzi der Trinkgeldparanoia verfallen. Diese Krankheit ist gefährlich und ansteckend zugleich. Für das Abwedeln einer Fliege zahlt sie einem Sudanesen zwei ägyptische Piaster. Und die Reise ist gefährdet ...!

Fünfzig Worte englisch, italienisch und französisch genügen, um mit den Eingeborenen zu feilschen. Das Übrige reden die Hände und schneiden die Antworten als Plastiken in den südlichen Himmel.

»Um Gottes Willen ...!« Die Franzi streichelt ein Kamel, das Tier macht einen Kniefall und Gewitterwolken ziehen durch die Geldbörse.

Ich handle eine halbe Stunde für einen Ritt, der zehn Minuten dauert.

Der Treiber will zwanzig Franken – ich biete zwei – und wir kommen uns schon näher. Ist kein Ende abzusehen, so gibt es eine letzte Zuflucht. Man fragt: »Viele Worte oder ein Wort?« ... »Ein Wort!« ... »Drei Franken!« ...

Der Treiber ringt die Hände, heult, flucht, verwünscht das Kamel, die Franzi und mich, markiert Pleite auf der ganzen Linie und lächelt nach zehn Kamelschritten fatalistisch.

Wolkenbrüche, Tränen und Flüche währen hier nicht lange. »Allah wird dir den Rest von 17 Franken geben ...« tröste ich ihn. Und ich habe recht behalten. Nach dem Ritt besteigt eine Fabrikantengattin sein Kamel und bezahlt 25 Franken – also noch mehr, als er von Allah erwartet hatte.

Orient-Reisende, führt eure Damen nicht in Begleitung von Geld in die Souks ...! Da stehen Herden von bronzierten Dromedaren, Pfeifenköpfe lauern. Hundert Hektar Sofadecken, tausend Morgen Land aus Perserteppichen lagern zum Einwickeln bereit, und Parfümfläschchen, die die Luft aus allen Nächten von tausend und der verführerischen einen Nacht konzentriert aufbewahrt haben, verwirren die Gefühle.

Hier lockt ein europäisches Kaffee, und die Jazzkapelle erzählt von jener Dame, der noch immer die Hand geküßt wird und wozu die Tasse Kaffee drei Franken kostet.

»Du hast auf dem Schiff deine Schleimsuppe mit gefülltem Nierenbraten ...! Werde nicht übermütig ...!«

»Schenk mir eine Wasserpfeife ... ich möchte eine elfenbeinerne Halskette – oder ein Paar Beduinenohrringe ...!«

»Nur eins ist notwendig, Franzi ...!«

»... Ich möchte auch ein Reiseandenken ...!«

»... ist notwendig, daß wir uns auf der langen Reise noch fünf Flaschen Limonade kaufen können ...!«

»Bitte, ein Reiseandenken ...!«

Das ewige Reiseandenken rührt auch Männer mit Kragenweite zweiundvierzig, und ich führe sie weit in die Wüste hinaus, fülle meine leere Zigarettenschachtel mit Sand und schenke ihr die Packung, die echt ist.

Und in der Heimat macht es bei Freundinnen sicher Eindruck. Man muß nur eine winzige Sandmenge multiplizieren – und augenblicklich sieht man die ganze Wildnis und erlebt ihre Unermeßlichkeit.

Jetzt in ein arabisches Kaffee ...! Das Echte erkennt man im

Orient am niederen Preis. Sobald es teuer wird, steuert man unter europäischem Einfluß.

»Hier siehst du einen muselmännischen Vollbart, breit wie das Nildelta ... Haschischraucher, singende Pilger, Winkeladvokaten, Briefsteller und Eunuchen ...!«

Ich sehe weg – und schon wirft Franzi einem Märchenerzähler fünf Franken in die Schale ...

»Gib nur einen ... du verstehst das Märchen deshalb nicht besser ...! Und die Schlangenbeschwörer können für tausend Reichsmark auch nicht mehr beschwören ...! Wenn du Durst hast – wer beschwört dich?«

In die grosse Wüste

Vergebens laufen wir im Hafen von Alexandrien von Agentur zu Agentur. Eine Verbindung nach Tunis war in den nächsten Tagen nicht zu erhalten. Und wir erfahren zum erstenmal, daß auf Reisen Umwege oft kürzer und billiger sind als Luftlinien. –

Um ein bequemes Sprungbrett in die Sahara zu erreichen, mußten wir nach Marseille hinauf. Es half nichts. Was die Vernunft ersinnt, wirft der Fahrplan über den Haufen. Und wer einst von Berlin nach Wien kommen wollte, mußte den Weg über die heilige Roma nehmen.

In fünf Tagen glitten wir über Spiegelfläche und den Samt des Mittelmeeres in den Hafen von Marseille ein.

Ein paar europäische Lungenzüge taten wohl.

Die Straßen riechen nach Austern und Lippenschminke. Ehemänner schieben den Kinderwagen, indes die Frau einen Affen kratzt. Das Häusergeschachtel im Alten Hafen ist mit Balken gestützt und geht auf Krücken seinem Einsturz entgegen. Indes reißt die Stadtverwaltung zuvorkommend nieder, was noch einige Jahrzehnte Bestand hätte. Auch diese Stadt scheint von der Eile besessen zu sein, sobald als möglich höchst farblos, klischiert und ungeheuer uninteressant zu werden. Steinkästen, die denen von Boston, Berlin und Tokio aufs Haar ähneln, zerdrücken das Geflüster der winkelschiefen Gassen, durch das sich ein vertracktes Leben schlängelt, das Panoptikum ist und noch viel mehr. Und wenn einmal alle Welt modernisiert, die Flußläufe reguliert und jede Erhebung mit einer

Bergbahn versehen ist, wenn sich Länder nur mehr durch flaue oder freundliche Börsenstimmung unterscheiden, dann ist auch das Ende alles Reisens Ereignis und jeder Gang vor die Haustüre Humbug geworden.

Wir bestiegen das Schiff einer kleinen Reederei. Der Dampfer ist gerade so groß, daß der Kapitän während der Fahrt nicht nebenher zu schwimmen braucht. Sanitätsautos, Zuchtstiere und Kolonialtruppen werden verladen.

Senegalneger, Berber, Viehwärter und Freudenmädchen auf Urlaub steigen in den Verhau der letzten Klasse hinab. Kurz angebunden über ihnen brüllt das Rindvieh.

Der Kapitän marschiert im Gehrock, wie ein stummes »e« aus der französischen Aussprache an jedem Ende herum.

Sein Aussehen schwankt zwischen Napoleon dem Dritten und einem Schmierenmephisto.

In meiner Waschschüssel werfen sich noch die Spuren der letzten Überfahrt zu Zeugen auf.

Still und sanft wie ein Opernschwan zieht das Schiff durch den Hafen. Sonderbar aber ist dies, daß die Mahlzeiten erst jenseits der Leuchttürme, auf offener See beginnen.

»Kurz vor dem Essen lassen die Kapitäne die Dampfer Karussell fahren, damit nichts verzehrt wird ...!« bemerkte eine Dame der Kajütenklasse und wird langsam grün.

Denn der Kasten wackelt plötzlich wie ein Sofa, dem ein Fuß abgebrochen wurde.

Der Horizont fährt auf und nieder – indes der Magen beginnt, in entgegengesetzter Bewegung zu steigen und zu sinken. Es gibt keinen festen Boden. Alles federt und wird sammetweich. Der Himmel tanzt – Stöße und Gepolter über Schutthaufen wären schön – aber dieses Neigen und Wiegen ohne Widerstand macht irrsinnig. Die Gerüche, die vor einer Stunde wie Verführungen aus der Küche kamen, werden zu süßlichem Kehricht, Suppen schmecken nach Mull und Staublappen. Der Bissen Hammelfleisch begegnet in der Speiseröhre auf halbem Wege einer Fischspeise, die nach oben zur Luft drängt.

Der Mistral weht durch den Golf von Lyon.

Das Auge sucht nicht mehr die Schönheit des Meeres, die Seele vergißt den südlichen Sternenhimmel, und das Herz pfeift auf jeden Anschluß. Männer mit Weltrekord in den Armmuskeln flehen um einen einzigen festen Gegenstand. Innere Haltung, Scheckbücher würden hingegeben für einen handfesten Türgriff, der nicht schwankt.

Aber Bullaugen, Bettgestelle, Waschschüsselränder, Steward und selbst der Kapitän sind ins feindliche Lager des Torkelns übergetreten. Die letzte Kraft wird zu Gegenvorstellungen verschwendet.

Ein verwanztes Hotelzimmer wird zum Paradies, weil es einen grünen Strich besitzt, der ruhig um die Decke läuft.

Die Länge der heimatlichen Bahnhofstraßen werden Objekte tiefster Begierde, und der innigste Wunsch ist – eine Briefmarke auf einer Ansichtskarte zu sein, die still und verstaubt an der Rückwand eines Stammtisches steckt ...

Indes der kleine Dampfer immer wieder versucht, mitten im Stürmen auf dem Kopf zu stehen und Franzi die Unverschämtheit besitzt – vor meinem Bett in wiegenden Hüftbewegungen mitzuschaukeln.

Ein Tag und zwei Nächte werden zu Ewigkeiten und das Kopfkissen zur Hölle. Araber liegen auf dem Promenadedeck wie verlorene Postsäcke und frieren, singen, schnarchen und kotzen.

Sehnsüchte nach lebenslänglichem Fasten wechseln mit faustischem Hunger. »Eine Bouillon!« schreie ich lüstern.

»Gibt es nicht ...! Ochsenfleisch haben wir nur sonntags!«

»Dann schlachtet den Kapitän ...!« brülle ich aus meinem Elend.

Noch eine Nacht – und als Frühstück steigt die Bucht von Tunis empor, und der erste Mensch, den Tunesien zum Empfang absandte, trägt einen steifen Hut, Regenschirm und Pelzmantel.

Gespenstig hebt sich der Leib eines Schiffes aus dem Nebel des Hafens. Es gleitet mit magischer Stille an unserem Dampfer vorüber und scheint aus dem tiefsten Süden zu kommen. Ich halte den Atem an und lausche auf Negergeräusche.

Zwei Bullaugen sind beleuchtet und verhaltener Gesang wird nahe.

Ich horche durch das Plätschern des Kielwassers: »... denn a Nachtigall schlagt auf koan Tannabaam ...«

Nach einer Weile entsteigen dem Schiffsrumpf drei Mannsbilder in der Tölzer Tracht, die aus »Viecherei« die Reise von Europa nach Afrika in der kurzen Wichs unternommen haben.

Da ihr erster Tritt auf den afrikanischen Boden stampft, haben sie zwischen Oberbayern und dem Orient eine Brücke des Erlebens geschlagen.

Der Empfang ist Prosa und kalte Dusche. Aber einige Schritte weiter – und es offenbart sich glühend und europafern wie der Mond ... die Wüste der Sahara ...

Saharareise im Viehwagen

Der Schaffner im tunesischen Bahnhof weiß nicht, wie weit die Bahn fährt.

Letzter Klasse steigen wir ein. Im Waggon sitzen, liegen und hokken mit gekreuzten Beinen die Völkerstämme der Wüste, bunt und trauernd.

Lumpen, Fetzen und die Gerüche hoffnungsloser Armut schließen um sie einen Kreis.

Der Wagen hat sechsundvierzig Fenster, damit die gestockte Luft Gelegenheit findet, während der Fahrt auszusteigen.

Aus geflochtenen Marktkörben sehen die Mahlzeiten der Muslims. Zur Linken und zur Rechten weitet sich die Steppe. Flüsse und Straßen verlaufen sich im Gestrüpp. Die Maschine pfeift die grasenden Herden vom Bahndamm.

Die Berge der Riffkabylen steigen auf, Dörfer kleben an den Wänden. Aus den Tälern heben die Blumen ihre Köpfe und schauen nach überschneiten Gipfeln aus. Abwechselnd fällt Regen und Sonne vom Himmel.

Unwirklich springt ein Regenbogen aus dem Dampf über die Erde. Im gleichen Bogen schießt ein Berber Dattelkerne über unsere Köpfe ab, wobei er die arabische Aufschrift »Nicht in den Wagen spucken!« als Zielscheibe benützt.

Die Stationen sind mit Eukalyptus, Kakteen und Malaria garniert.

Zwei Soldaten der Wüstenkavallerie steigen ein. Im Scharlach ihrer Mäntel sitzen sie wie Kardinäle, die über das Elend ein Konzil abhalten. Sie sprechen über die Schönheitskönigin von Frankreich und ihre Tageslöhnung beträgt etliche Sous.

Salzseen, Geröll, plattgewalzte Öde ... El Kantara, der Mund zur großen Wüste ist durchstoßen – und frei liegt der Eingang zum Inferno des Sandes.

Um zu locken, ist an den Anfang des Todes eine blaugrüne Oase gesetzt. Wege und Bäche sind eins. Das Wachstum kommt ins Gedränge. Aus Platzmangel klettern die Palmen an den Steilhängen der Schlucht hinab ... Urwaldvegetation und Raumnot kennzeichnen diese Paradiese der Wüste. Noch eine Schrittweite – und der anflutende Sand duldet keinen Halm mehr ...! Die Grenzen zwischen Leben und Sterben sind mit dem Lineal gezogen.

Und ich denke an die Stechpalme, die in meinem möblierten Zimmer aus dem Nickelkübel wächst.

Von der Höhe herab herrschen das weiße, schwarze und rote Dorf. Und jetzt läuft der Sand über den Sand am Schienenweg entlang. Die Lokomotive hat den Staubpflug aufgesetzt. Der Heizer klettert während der Fahrt von der Maschine zu unserem Wagen zurück, turnt sich wieder nach vorne, um den Ofen zu füttern, kommt noch schwärzer zurück und rät uns, in der nächsten Station auszusteigen. Denn hier werden Kinder verschenkt, und wir könnten sie dutzendweise mit nach Europa verfrachten ...

Vor Schreck ist mir der Name dieses Ortes entfallen.

Zur Ablenkung rollen wir durch eine Wolke von Heuschrecken, die vom Niger herauf schwärmen.

Wenn sie auf den Boden niedergehen, hüpft die ganze Erde.

Und da der Zug auf der Strecke hält, springen sie zum offenen Fenster herein.

Jäh schnellen die Fahrgäste auf, eine wilde Jagd beginnt, Insekten und Menschen hüpfen durcheinander ... Burnusse werden zu Schmetterlingsnetzen, der Inhalt des Waggons wächst zu einem weißen Knäuel an, der sich den Gang entlang wälzt ...

Die Jagd verebbt, fünf Araber sitzen lächelnd in den Ecken, verspeisen ihre Beute lebendig als Leckerbissen und bieten meiner Reisebegleiterin einige fette Exemplare an.

Jeder Drittklassewagen hat ein abgeschlossenes Frauenabteil eingebaut. Die Vorhänge sind zugezogen. Am Boden liegen Decken, Hühner und Säcke im wilden Chaos durcheinander. Die Wände kleben wie das Inwendige einer Dattelschachtel. Der Boden wird zur Rutschbahn, auf der die Entfernung zwischen Türe und Fenster in einem Schleifzug erledigt wird. Und der Waggon wird zum Stall ...

Zuweilen kommen die Weiber aus ihrem Verhau und betteln um Orangenschalen für die hungrigen Kinder.

Verstaubt wie ein Plüschsessel, der beim Reinemachen vergessen wurde, wächst aus dem Horizont ein Wald hervor ... Draußen liegt die Station Biskra. An diesem Bahnhof könnte statt mondäner Lebewelt auch Kali und Geflügel verladen werden. Er gleicht einer Bedürfnisanstalt mit wenig Komfort – –

Im Sommer, wenn in Biskra die Menschen vor Hitze nackt auf den Straßen und Dächern schlafen, fährt der Zug nur während der Nächte.

Stationen ohne Orte liegen in stundenlangen Fahrten voneinander getrennt. Salzkrusten bedecken wie Neuschnee die unendlichen Weiten. Wüstenkraut wächst dazwischen als Bartstoppeln hervor.
Die Sahara sieht aus – wie schlecht rasiert ... Dann wehen und branden die großen Dünen.
Sand, Sand wird Weltinhalt und Sinn des Todes.
Die Sicht reicht wie auf Meeren bis zur Rundung des Erdballs. Noch grasen Kample, obwohl auf hundert Kilometer kein Halm wächst. Leben diese Tiere von Modellgeldern, die ihnen die Maler bezahlen, von denen sie als »Schiffe der Wüste« auf Sofadecken verewigt werden? ...
Mitten in der Öde steht ein Schulhaus.
Wo nimmt der Lehrer inmitten der Wüste die Kinder her ...? Oder lehrt er den Skorpionen und Hornvipern die Verse des Korans ...?
In Sidi Rached steigt der »Mann ohne Adresse« in unser Abteil. Ich knipse das Innere des Waggons Dritter Klasse, er sitzt im Vordergrund des Bildes, und ich verspreche ihm das Foto nachzusenden. Wir bitten um seine Adresse ... Er schüttelt den Kopf. Wie Vögel ohne Wasser sitzt er da ...
Er ist der Mensch ohne Heimat. Ungewiß war der Ort, von dem er kommt, ungewiß ist das Lager dieser Nacht – und ungewiß, ob er morgen gen Westen oder Osten zieht. Er kehrt auf keinen Punkt dieser Welt zurück ...
Hyperions Schicksalslied sitzt fleischgeworden vor mir. Nie im Leben wurde er fotografiert. Sein Kismet will, daß er ohne Abbild durchs Leben geht – zu seinem Urbild zurück.
Tumult unter der Notbremse ...!
Dem Fakir, der vom Dattelmarkt Biskras heimfährt, sind die Skorpione und Giftschlangen ausgekommen ...!
Die Tiere haben sich unter die Sitzgelegenheiten verkrochen ...! Der Mann heult vor Angst – ein Giftzahn oder Stachel könnte ihm verloren gehen.
Franzi schreit auf ...!
Hände wischen unter die Röhren der Dampfheizung. Er fängt und zählt wie Geldstücke die Tiere in die Blechbüchsen zurück.
Eine Schlange fehlt ...! Entweder ist sie während der Fahrt abgesprungen oder hat sich als Reiseandenken in unsere Koffer geflüchtet ...!
Bisher ertönte vom Nebenabteil Trommeln und Gequieke einer Bambusflöte.
Die Muselmänner treten an die östlichen Fenster. Jäh bricht die

Tanzmusik ab. Salaghit, die eintönig wogende Melodie hebt an, setzt sich von Fenster zu Fenster fort, springt zum anderen Wagen über, berührt Heizer und Lokomotivführer – und wenn plötzlich die Eisenbahn zum Schiff würde, läge sie jetzt übergeneigt nach einer Seite, bis zum Deck am Wasser ....

Köpfe wiegen sich nach rechts und links.

»Allah akbar – – – Allahu ... akbar... aschadu an la illaha illa – ha ...«

Nach dem Gesang verzieht sich eine Gruppe ins WC, um dort die Wasserspülung Europas zu studieren – –

Aus dem Dämmern steigen die Minarette von Touggourt.

Unser Zug rollt in die Endstation der Saharabahn ein. Schienen und Telegraphendrähte gehen zu Ende. Und führen nur noch als unendliche Gedankenstriche in die Sandmeere weiter.

Auto und Karawane übernehmen die Ladung der Waggons und bringen Lasten und Menschen über den Hoggar, durch die Täler des Durstes und Entsetzens – an die Flüsse und Urwälder Zentralafrikas ...

Wogen und Brandung von Sand rahmen den Bahnhof und die Suche nach einem Nachtlager ein.

Ein Händler, mit dem Bart des Propheten, will uns das Fell eines Wüstenfuchses für eine Mark sechzig verkaufen. Aber das Geld muß zum Kauf von Trinkwasser gespart werden. Wir sind am Ende der Zivilisation ...

Beim Auspacken suchen wir zuerst in unseren Koffern ängstlich nach der Schlange des Fakirs ...

Der Wüstenmond hängt halbfertig und waagrecht zwischen den Sternen herum.

Wir packen Taschenlampen und Stearinkerzen aus. Kaufleute feilschen im Verzucken der Fackeln. Karbidlampen laufen durch die Torbögen der Souks. Eine Karawane ladet und zieht nach Westen ab.

In einem Café hängen Ölbilder, auf denen abwechselnd eine Sonne auf- und untergeht. Die Kunst ist in ihrem Sturmlauf unerbittlich.

Ich will am Bahnhof einen Brief einwerfen. Man kann an kein Fenster klopfen. Alles ist mit Moskitogittern verspannt. Ich gehe durch das menschenleere Stationsbüro. Der Morseapparat sieht wie ein Kindertelegraph aus, der zum Spiel durch eine Zimmerwand gerade noch ausreicht. Die Tageskasse liegt offen wie ein präparierter Oberschenkel auf dem Tisch. Ich höre Stimmen, schleiche mit meinem Brief durch zwei finstere Kammern, öffne eine Tür – und stehe im

Schlafzimmer des Stationsvorstandes. Zwischen den Ehebetten liegt ein Lautsprecher. Der Beamte ruht mit der Dienstmütze in den Kissen und kurbelt seiner Gattin eine Parlamentsrede aus Paris an. Er nimmt meinen Brief und steckt ihn zur Beförderung unter die Bettdecke ...

Tief in der Wüste – lockt uns die Wüste. Und im Raupenauto stauben wir über Dünen, in der Richtung El Golea, südlicheren Oasen zu – –

Eine Stadt aus rotem Lehm brennt in das unwahrscheinliche Blau des Firmaments. Auf unserer Karte ist sie nicht zu finden. Und es ist schön in einem Ort glücklich zu sein, der keinen Namen hat.

Hier fehlt auch die schwarze Polizei. Eine Steilmauer führt wie ein Halsband um die Stadt.

Fensterlose Wände starren nach außen. Die Gassen sind Furchen, von Wolkenbrüchen gegraben. Stille, Sonne und der Schrei eines Kamels gehen darin auf und ab. Im engsten Gewinkel ist alles im Kampf gegen das heiße Licht zusammengedrückt.

Auf dem Markt handeln acht Verkäufer mit einer einzigen Hammelkeule. Sie ist schwarz. Und um ihr Fleisch zu erkennen, müssen erst Legionen von Fliegen vertrieben werden. Am Wege sitzt ein Kind mit Vollbart. Wir treten näher – und die Haare werden zu Insekten, die zu Knäueln am Munde kleben. Und ohne Gegenwehr sitzt das Kind als lebendiger Fliegenfänger in der Sonne.

Wir steigen auf das Minarett der Moschee.

Und wie hundert geöffnete Schachteln liegt die Stadt im Mittag.

Wir schauen in arabisches Familienleben, das sonst wie Herzkammern den Blicken der Ungläubigen verschlossen bleibt.

Intimes tut sich auf im Glauben – als geschähe es nur vor dem Antlitz himmlischer Bläue.

Die Frauen des Harems lausen sich untereinander. In den Falten ihrer Kleider reiben sich die Geißböcke. Der Hausherr liegt mit den Katzen auf dem Bauch und schläft. Über dem Feuer dampft »Cuscus«.

Häuser sind in diesem »Lande ohne Regen« – ohne Dächer. Es ist – als ob eine europäische Stadt von einem Wirbelwind abgedeckt worden wäre. Vier Lehmwände und darüber ein ewig blaues Viereck bilden eine Welt, ein Paradies ohne Tapetensorgen ...

Der nordische Strindberg hätte hier nicht durch Türen auf die Schicksale des Nebenmieters zu horchen brauchen.

Arbeit ist ein fremder Begriff. Der Südwind führt die Heuschreckenwolken heran. Auf den Dächern werden sie gedörrt, bis sie wie Krabben schmecken.

Nach den vier Himmelsrichtungen laufen die Gassen in die Oase, und die Früchte tragen sich fast von selbst auf dem umgekehrten Weg in die gähnenden Mäuler.

Stadt, Palmen und Wüste sind mehr als Goldrahmen. Das Namenlose wird als Blick in uns eingeworfen – und fällt wie eine Tafel Schokolade als Gelobtes Land wieder mitten in das Grauen der Wüste zurück ...

»Da schreibe ich eine Ansichtskarte – – –!«
»Gibt es nicht ...!«
»Die Stadt ohne Ansichtskarten ...!«

NÄCHTE IN DEN ZAUBERGASSEN

Wenn am Abend die Glut verweht, erwacht die Oase. Und von der Vollmondnacht über dem Sandmeer – bis zur Romantik der Schlafzimmerbilder ist nur jener eine Schritt, der vom Heroischen zum Kitsch führt.

Wir schließen blicküberfressen die Augen.

Gebetsänger schieben sich durchs Gedränge, aus den Ställen schreien die Tiere, dazwischen fällt das Klopfen der Schuhputzer, die Gäste des Cafés klatschen nach dem »Kellner« in die Hände – und alles übertönend, dringt die Hyänenmusik aus der Tänzergasse.

Bambusflöten trillern, als hätten sie das große Los gewonnen. Und die Handtrommeln verstellen sich – als könnten sie dieses Glück nicht fassen; sie humpeln als Bettler mit Stehfuß nach ...

Aus einer Mauerhöhle weht der klebrige Vorhang wie ein vollgefressener Bauch hervor. Dahinter haust der Geldfresser, mit allen Zeichen der Exotik behangen. Die Nase ist doppelt so breit wie das Gesicht, und sein Maul findet kein Ende mehr.

Sein Beruf und Lebensziel besteht in – Geldfressen. Er schnappt wie ein Hund die gereichten Kupfermünzen, Francs und Banknoten, und verschlingt sie ungekaut und unersättlich. Sous mit Grünspan und Geldscheine, die Europäer nur mehr mit den Enden der Fingerspitzen berühren, ißt er mit dem gleichen Appetit wie eine silberne Mark.

Vielleicht würde er in Europa auch prolongierte Wechsel, Zahlungsbefehle, Geschäftsaufsichten und Konkursverfahren verschlingen – und verdauen.

Und beim Abschied sind Maul und Hunger immer noch so groß, daß wir vorsichtig unsere Fotoapparate im Mantel verstecken – – –

Um die Ecke tanzt eine Gasse Bauch. Der südliche Stamm der Ouled Nails wandert in die Städte, Märkte und Fremdenzentren der großen Wüste ab – um zu tanzen, singen und zu lieben. Ihren Verdienst hängen die Mädchen in purem Gold um Hälse und Fußgelenke. Später ziehen die Frauen wieder zu ihrem Stamm zurück, heiraten mit Mitgift beladen – den Mann des Herzens und versorgen die Familie. Sie geben sich für einen Franc hin – und lassen sich nicht für hundert Franc fotografieren. Die Gesetze des Islams werden von ihnen streng gehalten.

Zentrum ihrer Tänze ist der Bauch. Aber er schlängelt und ringelt sich nicht – wie wir es aus nordafrikanischen Tingeltangels gewohnt sind. Ruckartig springt er auf Handlänge im Rhythmus der Musik vor und zurück und unwillkürlich sucht man nach einer Sprungfeder, die diesen grotesken Mechanismus in Zuckungen versetzt.

In den Liebesgassen sitzen die Tänzerinnen und Tänzer im Schein von Kerzen und Karbidlampen vor den Türen ihrer Kammern und locken die Freier. Ihre Salons würden selbst für Landstreicher einen Mangel an Luxus bedeuten. Die Treppenbesteigung ähnelt den Kaminklettereien des Hochgebirges. Ein Schleier trennt die Behausungen. Halbverfault liegt in der Ecke des Bodens eine Strohmatte als Teppich der Freude. An der Wand hängt ein französisches Seifenplakat, auf dem eine Nixe den Duft einer Blume atmet. Gegenüber prunkt als Gipfel der Pracht ein Spiegelrahmen, in dem nurmehr ein fingernagelgroßer Scherben steckt. Das Tanzkleid ist bunte Seide, die – in Falten geworfen, gesittet vom Hals bis zu den Fußspitzen reicht. So sehen sie aus wie Ritterfräulein, die unausgesprochen das Stichwort zu Dornröschen auf den Lippen führen. Aber statt des erwarteten Prinzen steigt ein Dattelhändler oder Kameltreiber den Verhau der Treppen herauf – und kauft im Vorübergehen für ein Francstück die Liebe der Wüste.

Zuweilen aber verirrt sich ein Fremder in dieses Gemäuer, und wenn er einen Dollarschein flattern läßt, wird das Mädchen zur Prinzessin, die ein König freit.

Abgelegen vom Lärm der Nächte, haust, schwer auffindbar, ein Marabout mit seinen Fakiren.

Hexer, Zauberer und Schwindler durchreisen in Rudeln das orientalische Afrika. Aber diese Zauberhöhle übertraf alles bisher Erlebte.

Auf das Tor ist die gespreizte Hand gegen den bösen Blick gemalt.

Und als Rückversicherung auf schlechtes Schicksal hängt daneben das alte Hufeisen. Fünf Männer sitzen auf der Erde und warten – ohne zu warten. Unser Eintritt läßt sie gleichgültig. Jahrtausende vorher war es ja von Allah bestimmt, daß wir kommen mußten und daß genau zu dieser Sekunde das Trinkgeld auf den Teppich fällt.

Der Marabout im grünen Burnus kramt aus einem Gebirge von farbigen Tuben ein Schnupffläschchen. Der Derwisch bekommt eine giftige Prise, zuckt, schwankt, tanzt, schäumt, verzerrt alles Dehnbare im Antlitz. Der Mund läßt abwechselnd heilige Worte und Schaum austreten.

Indessen reinigt der Marabout die langen, dicken Nadeln mit den Tüchern, die von Staub und Kehricht wimmeln. Langsam bohrt sich der Derwisch Nadel um Nadel in allen Diagonalen durch Gesicht, Kehlkopf, Magen und Bauch. Dazu geht sein Lallen in Stille über ...

Strohgarben brennen lichterloh. Er hält sich das brodelnde Feuerwerk unter Achselhöhlen, Brust und Augen ...

Indes der Alte schon die Büchse herumreicht, in der unzählbar die lebenden Skorpione ineinander verknäuelt liegen.

Und der Derwisch wühlt mit seinen Fingern in dem Gekrabbel von Stacheln, Füßen, weißen, gelben und grauen Giftleibern herum, macht ein Tier frei, läßt es in der Luft zappeln, und verschlingt es wie eine Handvoll Spaghetti – eine halbe Armlänge vor unseren Augen.

Am Ende der Darbietung erzählte uns der Alte, während er den Derwisch durch Stockschläge auf die Wirbelsäule beruhigt, daß er einen Antrag zu einer Tournee durch U.S.A. erhalten habe.

»Dann gewinnst du viel Geld und verlierst Allah ...!«

Er lächelt die Antwort – ohne sie zu sprechen.

Und wieder sinkt er mit Derwisch und Musikanten auf die Teppiche zurück und wartet – ohne zu warten.

In diesen Weiten des Landes erlebt man noch ungeschriebene Märchen. Gier und Ergebung fließen wie Trinkgeld und Wunder ineinander. Wo ist des einen Anfang und des anderen Ende ...?

Aber auch hier behalten die stummen Schauer über die lauten Erklärer recht.

Auf dem Heimweg geht noch ein Dritter neben uns her. Es ist das Erlebnis dieser Nacht, das uns am Handgelenk packt, als Gräte im Halse sitzt und durch die Gehirnwindungen Amok rennt.

»Schade, daß sie dafür Geld verlangen. Das fälscht die Wunder ...« meint Franzi.

Ich setze mich ans Bett und rechne auf dem abgerissenen Tapetenfetzen nach – wie teuer diese Nacht bezahlt wurde.

Dem Geldfresser aus der Hand schnappen lassen	78 Pfennige
Der Bauchtänzerin geschenkt 2 Francs	33 Pfennige
An den Marabout für Derwisch und Skorpion bezahlt	100 Pfennige
	2,11 Mark

Dafür bekomme ich in Europa ein Saftgulasch mit ganzen Kartoffeln serviert.

Oder sehe ein Fußballspiel mit 3:2 –
Oder Henny Porten in einem Himmelbett sterben …! – – –

Vom Harem zum Hexermeister

Der Morgen vergoldet alle Wege. Noch immer sitzen Frauen ohne Schleier vor den Toren ohne Türen und beißen sich in die Taschentücher. »Seid schön durch Lysol …!« steht unsichtbar darüber geschrieben.

Unsere Gasse windet sich wie ein Gedankengang dem Pestviertel zu, an dem der Verkehr abbricht.

Wir passieren das peinliche Geviert mit verhaltenem Atem. Franzi erhielt durch Empfehlung Zugang zum Harem eines Advokaten. Ich aber mußte vor dem Tore warten.

Und sie erzählte mir:

»Küche und Frauengemach sah ich durch Gerüche ineinanderfließen. In einem Berg von Sofakissen liegt die Lieblingsfrau. Sie parfümiert und langweilt sich. Vor drei Tagen hat sie dem Herrn ein Mädchen geboren – und das ist Unglück genug. Man darf nicht gratulieren – und so tritt in die gestockte Stille das Mobiliar des Gemaches mit erlösender Aufdringlichkeit. Der Jugendstil feiert inmitten des orientalischen Familienlebens Orgien …

Der Blick geht auf den Hof des Hauses, in dem eine Palme über die Mauern wächst und unverschleiert auf die Gassen sehen darf. Der Baum hat in sich mehr Freiheit als die Frauen, die sich nur am Herrn des Hauses hinaufranken können …«

Gegenüber liegt ein Narrenhaus. Der quadratische Bau ist religiöse Stiftung, die Pflege versehen Wunderdoktoren mit Zaubertees – und die Aufnahme hängt von Gnade und Gunst ab.

Der Wärter sieht zuerst nach links und rechts, ehe er mich gegen Bakschisch einläßt. Denn es ist ihm streng verboten, Ungläubigen Eintritt zu gewähren.

Schon an der Pforte kommt durch die Mauern unartikuliertes Beten und Singen. Der Schlüssel zum Hof der Irren hat einen Viertel Meter Länge und kann gleichzeitig als Totschläger gegen Tobsüchtige verwendet werden. Die Zellen münden in das sonnige Viereck, aus dem ein Ölbaum mit Frucht und Schatten in die Verwirrung des Geistes eingreift.

Zusammengeringelt liegen die Kranken in den Ecken ihrer Käfige und fauchen die allzunormale Welt, die zu Besuch kommt, auf Raubtierart an.

Als Geschenke wollen sie Zündhölzer haben, die zu den Strohmattenlagern nicht passen wollen.

In der Ecke des Hofes, dessen Licht gegen das Dunkel der Gehirne aufschreit, tritt eine Zysterne vor.

Da die Irren für eine fotografische Aufnahme nicht aus ihren Zellen zu bewegen sind, offerieren sich die Wärter und Wunderdoktoren als »Wahnsinnige« – und torkeln mit allen Zuständen des geistigen Zerfalles im Kreise die Rundung des Hofes aus ...

Dazu heben die wahrhaft Irren die Köpfe aus dem Schlafe. Im Wandeln durch die Gassen – weht plötzlich quirlender Dampf hervor. Von außen unsichtbar und kaum zu finden, ist, durch einen Vorraum getrennt, ein maurisches Bad versteckt. Ich gehe durch Gänge, Schluchten, Labyrinthe und Katakomben. Hitze und Dampf nimmt mit jedem Schritte zu. Jetzt weitet sich das feuchte, schwitzende Gemäuer zu Höhlen. Mehr als meterdicke Wände halten die Wärme gefangen. Luft und Licht fließen sparsam aus eingehauenen Löchern von der Decke. Faustgroß wird ein Stück Blau als ausgestochenes Backwerk sichtbar und der Sonnenstrahl fällt, wie auf Madonnenbildern, schräg durch das mystische Halbdunkel.

Durch den Dunst und Dampf leuchten die herabhängenden Kleiderfetzen der Badegäste. Auf quadratischen Felsenplatten liegen Nackte und schauen auf das Treiben der Schweißtropfen an ihren schokoladenen Körpern herab.

Im Halbrund wölben sich Wände und Decken über das Atmen der Masseure, die zugleich als Medizinmänner Wunderkuren verordnen. Greise tragen ihr Lager aus Tüchern und Matratzen von Raum zu Raum. Verbrauchte Waschwasser fließen in frisch, bereitete Bäder, der steinerne Fußboden ist durch Seifen, Öle und Salben zu schlüpfriger Glätte geworden.

Nirgends stört eine harte, eckige Bewegung. Wortlos perlen die Köpfe.

Eine andere Straße wird zum Ruck – und das Bild verwandelt sich kaleidoskopisch.

Eine Hühnertreppe führt zu einem Wartesaal. Der Zugang zur Hexerkammer ist mit Männern und Weibern verstopft. Das letzte Gut wird den Prophezeiungen geopfert.

Uns lockt das Seltsame – und schon sitzen wir auf dem Teppich des Hexers, dessen Blick aus Gewohnheit in die Zukunft gerichtet ist.

Er reicht uns mit abgewandtem Gesicht einen Federkiel – und während er in unserer Hand liegt, müssen wir all dessen gedenken, was wir aus dem Verborgenen wissen wollen ...

Wir sitzen – wie eine Sekunde vor dem Zahnreißen. Das Zukünftige scheint sich in dieser magischen Luft zu ballen, es will Gestalt werden, sammelt sich im Federkiel – und wartet auf den Mund des Hexers, zur Offenbarung bereit ...

Jetzt nimmt er den Kiel zu sich und kritzelt Zauberzeichen auf ein Pergament.

Tropfenweise kommen die arabischen Worte über seine Lippen. Der Hexergehilfe sitzt neben ihm und übersetzt uns die Prophezeiung ins Französische ...

»... wir werden erreichen, was wir wollen ... in unserer Heimat ist alles wohlbestellt ... die Reise verläuft glücklich ... unsere Zukunft ist sonnig ...«

Und pro Person fünf Francs! An der Wand klebt koloriert der Einzug der Franzosen in Constantine.

»... und wir erreichen, was – –« Am Abend verliere ich den Paß. »In der Heimat – –« hat mein Verleger Pleite gemacht und sich im Makulaturlager erhängt.

»... verläuft glücklich ...« In unserem Quartier werden wir am nächsten Morgen auf die Straße gesetzt –

Der Hexer hat wahr gesprochen – und zu allem nur die negativen Auflösungszeichen vergessen.

Befangen vom Zauber dieser Hexerkammer habe ich die drei Fragen vergessen, die ich am Herzen hatte: »... wo wechselt man ohne Schwindel Geld um ...? Ist mein letzter Hundertfrancschein auch gefälscht ...? Und wie fängt man des Nachts ohne Blutvergießen die Wanzen ...?«

Aber Fragen an die Zukunft dürfen nicht überspannt werden.

Geblendet von Prophezeiungen und aufgespeichert von Magie treten wir in die Gasse hinaus ...

Auf Handweite steht ein abgesatteltes Kamel in einer Weide von Kehricht. Und gegen dieses sonderbare Gestell sind alle Hexer der Erde nur geometrische Figuren.

Und je tiefer das Schauen geht, um so rätselhafter werden die Urformen und Gestaltungen dieses Tieres.

Am Anfang aller Wesen muß dieser Himmel ein brodelndes Gefäß gewesen sein, in dem Allah zum Zeitvertreib Blei gegossen hat. Die wunderbarste Form des Geschickes setzte er zum Trocknen in die Wüste – und das Kamel war erschaffen. Wir spiegeln uns in seinem Auge – es liegt in unserem Blick – und zur letzten Erfassung ist jene himmelhohe Mauer errichtet, die uns ewig trennt ...

Über dieses Wunderbare vergessen wir den Hexer, seinen Zauber – und unsere fünf Francs ... Und so oft ich an die große Wüste denke, sehe ich ein verlassenes Kamel im Kehricht stehen ...

Um den schwarzen Erdteil

Unterm Äquator

Der möwenweiße Tropendampfer schnitt die Biskaja zu Wurstaufschnitt auseinander. Dazu klirrten im Speisesaal Schüssel und Teller. Eine Familie aus Pommern ließ sich zum drittenmal nachservieren.

Der Mond speiste nicht mit. Er war seekrank – und brach durch die Wolken ...

Ein wuchtiger Brecher fegte die Schreibmaschine des Oberkochs über Bord. Und mit der eingezogenen Speisekarte wird sie vielleicht viertausend Meter tief zwischen den Korallen des Atlantik weiterklappern und dem Ozean ein »X« für ein »U« vortippen.

Aus den Kammern der letzten Klasse beten polnische Auswanderer – auf daß der Gott des Erbarmens sie aus der Seenot erretten möge. Kabinengenossen und Tischnachbarn erzählen mir ihre Schicksale. Jeder Passagier wird zu einem Roman – gebunden oder leicht broschiert.

Meine Freundin Franzi hängt jeden Morgen ihre große Wäsche an eine Leine und läßt sie im Kielwasser schnellreinigen. Die englischen Damen stoßen sich dazu entsetzt in die Hüften – und schätzen Franzi nur für den Frachtraum gesellschaftsfähig.

Hinter den Kanarischen Inseln werden die Sonnensegel aufgezogen. Bei Dakar erscheint die westafrikanische Küste.

Und bald schwimmen wir im Golf von Guinea wie in einer Pfanne mit brodelndem Blei.

Die große Linie, die unseren Globus in zwei Hälften schneidet, naht – –

Am Schwarzen Brett des Schiffes überstürzen sich die Anschläge. Der Vierte Offizier steckt auf der Routenkarte das Fähnchen auf »Erreichte Breite 3 Grad 2 Minuten N«.

Die Funkstation verkündet: »Senden Sie Ihren Lieben Äquator-Grüße!« »Spendet für die Tauffestlichkeiten Beiträge! Das Äquatorkomitee«.

Die Schiffsleitung erscheint in der Tropenuniform, strahlend wie Engel bei Krippenspielen.

Das Thermometer saust als Fontäne in die Höhe. Die Atemluft wird selten und teuer. Passagiere über zwei Zentner schnaufen wie

Karpfen. Fettgepolsterten Damen müssen die Seidenblusen aufgeschnitten werden. Das Gesetz »Körper dehnen sich durch Erwärmen aus« verlangt seine Opfer.

Auch an Backbord hat der kühle Luftzug sein Erscheinen eingestellt.

Wie Fliegen, die zu lange in einer Streichholzschachtel eingesperrt wurden, liegen die Passagiere auf den Decks herum. Regenböen wehen über das Schiff hin. Wolken ballen sich zu einem Himalaya auf.

Die Anzüge kleben am Körper. Der Oberzahlmeister ist zum lebendigen Wasserfall geworden.

Unter meiner Kammer liegt der Eiskeller. Ebenso könnte eine Dampfwaschanstalt eingebaut sein. Der winzige Raum drückt von allen Seiten gegen die Lungen, die wie mit heißem Sand angefüllt sind. An den Koffern rosten die Schlösser. In den Kleiderkästen der Offiziere brennen zum Schutz gegen Feuchtigkeit Tag und Nacht die eingebauten Glühlampen.

Jeden Abend schleppt der Bordfotograf einen Klotz Eis in seine Dunkelkammer – als wolle er statt Filme – Himbeergefrorenes bereiten.

Bisher blieben jene Damen, die täglich nur ein Kleid zu wechseln hatten, in ihren Kabinen und ließen sich lieber »seekrank« verkünden – als den Mangel an Garderobe preiszugeben. Aber jetzt erscheinen sie, durch die Hitze hochgetrieben, an Deck und schwitzen zum allgemeinen Quantum noch fünfzig Prozent aus verletzter Eitelkeit hinzu.

Der Kapitän muß seine täglichen Spaziergänge um das Promenadedeck einstellen. Er würde nach dem Zeitpunkt der Äquator-Überquerung zu Tode gefragt werden.

Einige Passagiere glauben noch an den wirklichen Äquator wie Kinder an den Schwarzen Mann. Sie erwarten eine Art sichtbare Linie, ein Band oder Seil, das über jene Stelle gespannt ist, wo die Erde am dicksten ist. Und die Stewards erzählen ihnen von einem Ruck, den es geben wird, wenn das Seil durchfahren wird. Dann springen vom Achterdeck die Schiffsjungen in die See und flicken das Band wieder zu einer geraden Linie zusammen.

Allmählich werden auch die Seelen lädiert. Das Gemütsleben steht unter Überdruck und sucht nach Ventilen und Auspuff. Täglich spielt die Bordkapelle falscher, und die C-Trompete verfällt in Tropenkoller und geht ihre eigenen Wege. Indes das Bombardon mitten in einem Frühlingswalzer einschläft und nurmehr mitschnarcht.

Menschen, die sonst die Friedfertigkeit gepachtet haben, werden reizbar wie Raubtiere vor der Fütterung. Wegen eines Kaffeelöffels gibt es Krach mit dem Tischsteward. Zwei Freundinnen, die zusammen in einer Kabine reisen, werfen sich gegenseitig wegen dem Bullauge die falschen Zöpfe ins Gesicht. Der Kammersteward, der Obersteward und der Kapitän werden alarmiert. »Ich sterbe, wenn das Fenster nachts offen bleibt ...!« »Und ich sterbe, wenn es geschlossen wird ...!« schrien beide Freundinnen durcheinander. Der Kapitän orgelt entscheidend aus seinem Baß: »Steward, schließen Sie das Bullauge diese Nacht, dann stirbt die eine – – Öffnen Sie das Bullauge die zweite Nacht, dann stirbt die andere –!«

Und der Tag des Äquators wird Ereignis.

Schon am Morgen hatte das Thermometer in der Kabine – nahezu 40 Grad Celsius gemeldet. Die Schiffsleitung ließ vom Drucker festliche Programme herstellen, und die Gesellschaftsräume prangten in königlichem Luxus. Das alles riß auch den schläfrigsten Passagier aus der Heißluftnarkose. Kostüme wurden anprobiert, im Frisiersalon entstanden Dauerwellen – die Windstärke 11 vortäuschten, und schon am Abend wankten dreiviertel der englischen Passagiere unter voller Whiskyladung übers Promenadedeck.

Der gewohnte Taufakt im Schwimmbecken geht im Geschrei der Blechmusik und wasserscheuen Passagiere unter. Der Erste Offizier hat durch sein Fernglas Fäden ziehen lassen, damit die Äquatorgläubigen die große Linie weiß auf blau sehen ...

Franzi erhält bei der Taufe den vornehmen Namen »Salzhering«. Und der Obersteward läßt ihr die Urkunde in ein Haifischgebiß rahmen. Aus Freude darüber tanzt sie auf den Tischen der Bar.

Und der Festausschuß schickt ihr den improvisierten Funkspruch aus Liberia: »Als Strandgut wurde ein Bauch gefunden, der vermutlich beim Tanzen verloren ging – Die Hafenpolizei.«

Bereits nach dem Diner wurden die Taschenuhren gleichgeschaltet. Aber unter den Passagieren befand sich eine astronomische Autorität, die zum Nutzen der Wissenschaft als Forschungsreisender den südlichen Himmel abfuhr. Der Gelehrte hatte errechnet, daß es nach seinen Messungen erst um zwei Uhr Früh – zwölf Uhr nachts sein sollte. Augenblicklich bildeten sich feindliche Lager. Ein Teil der Passagiere schwor auf die Schiffszeit – und die andere Partie hielt zum Astronomen.

Rhein, Mosel, Main, Burgunder, Gin und Benediktiner flossen in die heiße Nacht. Die zwei zeitlich feindlichen Heere wollten sich gegenseitig in ihrer Standhaftigkeit festigen.

Der Astronom schmiß Runden, um Anhänger seiner Wissenschaft zu gewinnen. Der Kapitän repräsentierte die Schiffszeit – und versuchte, sich in Bestechungen zu übertrumpfen.

Schiff, Passagiere und Tropennacht glühten nach außen und innen. Schon um acht Uhr hätte der Funker aller Welt melden können, daß die Hälfte der Passagiere betrunken ist.

Ein Perlenhändler aus Holland spielte mit seinem Tropenhelm Fußball und benützte das Büfett als »Tor«. Spiegel krachten, und der Barsteward schrieb die Punktsiege auf die Getränkerechnung.

Der Limonadenfabrikant aus Dover stutzte seinem Tischnachbar mit dem Zigarrenabschneider die Haare, seifte seinen Schnurrbart mit Schlagsahne ein und rasierte sich mit den Scherben eines zerbrochenen Sektglases.

Der Afrikaner mit dem Turmschädel fiel vom Barstuhl und umarmte die gußeisernen Beine. Seine Gemahlin jonglierte mit ihrem künstlichen Gebiß, fand den Mund nicht mehr, und goß sich den Whisky Soda in den Busenausschnitt ihres Abendkleides.

Der Astronom schleppte seine Himmelsinstrumente an den Bartisch und rechnete die Lichtjahre in Sektflaschen um.

Der Holländer schloß eine Wette ab – wie lange er den Kopf in den Champagnerkübel mit Eiswasser stecken könnte.

Gesichter glühten wie Bogenlampen. Der Alkohol schürte eine Höllenhitze, die wiederum mit einer Runde gelöscht wurde.

Aufrecht saßen nur mehr die geschnitzten Blasengel auf der Brüstung der Bar.

Franzi schminkte sich mit ihrer Zahnpaste, legte sich mit dem Paillettenkleid in eine Badewanne und sang das schöne Lied: »Bald gras' ich am Neckar, bald gras' ich – –« Es gab kein Wort und keine Zeit mehr. Nüchternheit herrschte nur mehr auf der Kommandobrücke. Ich hatte wenig getrunken und hielt mich mit Mokka wach. Und war vielleicht der einzige Passagier, der die elf dünnen Schläge von der Brücke herab läuten hörte. Dann krachte ein Mörserschuß – die Festgäste blinzelten mit den Augen und legten sich auf die andere Seite.

Die ganze Gesellschaft war wie ein anatomisches Präparat unter Spiritus gesetzt. Und jene Herrschaften, die über dem Vibrieren der Schiffsschraube lagen, zitterten wie Sulze ...

Indes der Äquator aus der Ewigkeit des Atlantik auftauchte und versank.

Als einzig Nüchterner kam ich mir erst recht besoffen vor. Von den Tischtuchzipfeln tropfte noch Sekt ab. Ich setzte mich darunter und fing mit der Zunge den hochprozentigen Regen ab – bis ich auf den Bauch eines Pflanzers fiel. Die fleischige Wölbung quiekste wie ein ausgestopfter Teddybär, der »Mama« sagen konnte.

Und dieser seltsame Ton leitete meine Fahrt auf die südliche Halbkugel ein – – –

Wir suchen Diamanten

»… Wer Diamanten widerrechtlich erwirbt, wird mit vier Jahren Zuchthaus bestraft.«

Dieser Anschlag hängt einen Tag vor der Ankunft in Südwestafrika am Büro des Zahlmeisters. »Aber in der Lüderitzbay suchen wir trotzdem nach Diamanten …!« schlägt Franzi vor.

Die Sirene des Dampfers schreit dreimal auf. Aus dem schneidenden Gelb der Dünen hebt sich die Stadt Swakopmund.

Und wir fahren in die Bay ein.

Eine Flotte Walfischfänger liegt still verankert.

Schonzeit liegt über den Wassern, und ich freue mich für jeden einzelnen Walfisch, der jetzt noch ein Jahr seine Fontäne über die Wogen des Atlantik pusten kann – ohne einen eisernen Speer im Leib zu verspüren.

Auf den kleineren Schiffen rosten die Harpunen.

Die Ankunft eines Dampfers wird zum Fest, das über hundert Meilen ins Innere des Landes die Menschen aufwirbelt. Und noch der Speisesaal der letzten Klasse erhebt sich eine Nacht lang zum Paradies, in dem die ausgedörrten Augäpfel der Bordbesucher Orgien in europäischem Luxus feiern.

Am Strand liegen tote Fische und Vögel – und stinken zum Himmel.

Leib und Seele des Ortes bestehen aus Wellblech.

Der nächste selbständige Grashalm wächst erst in einer Entfernung von 130 Kilometern.

Um die Trostlosigkeit der Hütten sind Gartenzäune gesteckt, die nie im Leben eine Faser Grün gesehen haben. Sie umgrenzen Müll und Küchenabfälle. Und vor einer Blüte würden alle Gartenzäune dieses Hafens – aus Freude tot umfallen.

An der Straße steht eine Kompagnie Holztöpfe in Reih und Glied. Und aus einiger Entfernung glaubt man, es würden verstaubte Putzlumpen aus ihnen hervorwachsen.

Aus nächster Nähe werden aber doch Bruchteile von Pflanzen sichtbar, die weder leben noch sterben können.

Daran steht eine Tafel mit der Aufschrift »Avenue«.

Am Haustor der Agentur lehnt ein schwindsüchtiger Baum. Und wenn er je rote Blüten bekäme, würde es doch nur wie – Blutbrechen aussehen.

Vor einer Blechhütte stehen noch die Koffer der Auswanderer, die vor einem Monat hier ankamen – und es noch nicht zu jenem Raum brachten, um das Gepäck ihres Einzuges unter Dach zu bringen.

Kein Kind der Wüste Namib kennt den Begriff »Treppe oder Stiege«. Es gibt weder Stockwerk noch Keller oder Dachboden. Die Welt ist hier zu einem einzigen Parterre geworden. Sinnlos liegen die Hütten im Sandmeer verstreut. Und sie sehen aus, als ob nicht der Mensch, sondern ein Windstoß die Bauplätze ausgewählt hätte.

Konservenbüchsen und durstige Hunde sind die einzige Weide über Sand und Hitze.

Und morgen suchen wir nach blitzenden Diamanten …!

Die Farmer fluchen und beten abwechselnd um Nässe. Die Regenzeiten sind kurz, und die Flüsse führen nur auf Tage Wasser.

Gigantisch brandet die Wüste. Fels spricht in den Himmel. Das ist das Gesicht der Welt am ersten Tage der Schöpfung. Und unsichtbar flimmert der Satz: »Steinigt ihn!« Denn Stricke aus Hanf und Bäume als Galgen fehlen in unendlichem Umkreis.

Barken, Bojen und Brücken werden als Abladestelle für Vogelmist vermietet, der als Düngemittel gehandelt wird.

Über der Stadt erhebt sich der Diamantenberg. Am Ozean liegen die Minen. Und hinter den letzten Baracken suchen wir nach dem blitzenden Gestein. Franzi ist kurzsichtig, steckt sich das Monokel auf und geht mit der Nase am Boden.

Ich erinnere mich an den Streckengeher Stauch, der im Jahre 1908 am Gleis entlang ging. Ein Kafferneger kam ihm entgegen und zeigte ihm eine Handvoll Diamanten. Er hatte sie am Schienendamm gefunden.

So wurde Südwest reich und sensationell. Und Franzi hofft, dieser historische Fall könnte sich an ihr wiederholen.

Die Sonne plättet ihr Rückgrat mit glühenden Bügeleisen. Automatisch dem Nachahmungstrieb verfallen, suche ich mit. Die Wüste Namib hat mein Gehirn versandet – –

Plötzlich schreit Franzi heiser auf. Hat sie ein Skorpion gestochen, oder – – –? In ihrer Hand blitzt es. Sollte ein blindes Huhn …? »Hast du – –!« – – »Ja …!« – –

Schon hat sie den Fund in ihrer Bluse versteckt. Habgierige Goldgräbermanieren brechen aus.

»Laß sehen …!« – – »Nein, ich hab' ihn gefunden – – –!«

Und sie rennt wie verfolgtes Großwild dem Hafen zu, nimmt für ein englisches Pfund eine Privatbarkasse – und läßt sich ans Schiff fahren. Ich folge ihr mit einem Ruderboot, das drei Shilling kostet. Im Salon gestikuliert Franzi aus einem Knäuel von Interessenten heraus. So groß wie ein Hühnerei funkelt es durch ihre geballte Faust. Der zweite Offizier schaukelt das Gestein prüfend in der Hand: »… sogar graviert ist er …!«

Und wahrhaftig wird ein Teil des Buchstabens »W« sichtbar. Mit Himbeerröte im Gesicht, schleudert Franzi den Scherben einer Sodawasserflasche in die Lüderitzbucht hinaus …

Und sie heult die ganze Nacht – – –

Sturm am Kap der guten Hoffnung

Seit vier Tagen bummelten wir durch den südlichsten Punkt Afrikas.

In den Straßen von Kapstadt lag der Hochsommer wie ein schnurrender Kater auf der warmen Ofenplatte. Hinter den Auslagefenstern der Kaufhäuser hingen Christbaumschmuck und Karnevalsartikel in Knäueln durcheinander – und in ihrem Gegensatz hoben sie sich wieder auf, so daß am Ende scheinbar nichts in den Kästen ausgestellt war.

Zwei Tage vor Weihnachten war Weihnachten noch viele tausend Seemeilen entfernt und wollte nicht näherkommen. Gärten hingen über Mauern, das Meerbad rauschte als verdecktes Orchester, und der Mittag ringelte sich in der Luft. Alles war zum Streicheln schön, und doch erstickte es den Gedanken an die Heilige Nacht. Ein Kachelofen, aus dem das Knistern des Buchenholzes singt, der Schneefall in die stille Finsternis eines Fichtenwaldes und der Geruch angebrannter Tannenzweige nistet auf Augenblicke in der Sehnsucht, um gleich darauf ins Unwiederbringliche zu verschmelzen.

Vom Hafen her schreit unser Dampfer seine Passagiere an Bord zurück. Die Wände des Tafelberges nehmen den letzten Ruf der Sirene auf.

Am Fallreep steht der Zahlmeister des Schiffes und mustert die anklappernden Fahrgäste. Während der Dampfer aus der Bucht fährt, geht er die Decks aller drei Klassen ab, visitiert die Rauchsalons – und bleibt grüßend vor Franzi stehen. »Zwei Whisky Soda ...!« ruft der Zahlmeister dem Barsteward zu und führt sie Arm in Arm in sein Büro. Das Schiff kichert und munkelt. Von innen her werden die Vorhänge heruntergezogen – und die Passagiere glauben, sich über ein kleines Abenteuer einig zu sein.

Und was nun geschah, das hat mir Franzi später erzählt – – Sie saß am Schreibtisch und der Zahlmeister öffnete den Schrank. Und hob ein weißes Flügelpaar, mit silbernen Sternen beklebt, aus dem Dunkel des Kastens.

»... nu sehen Sie ... morgen ist mal wieder Christnacht ... Und auf See, da leben wir von Konserven ... da haben wir sozusagen die Heimat eingepöckelt bei uns ...« Und er stellte die Flügel wie eine Schildwache links und rechts von Franzi auf.

»... na – und da nehme ich auf diese Tour immer diesen Christbaumschmuck mit ... und Sie müssen den Engel machen ...« Dann legte er eine Platte aufs Grammophon und während Franzi die Flügel anprobierte, erklang der Chor »Tauet Himmel den Gerechten ...«

Da dem alten Seefahrer auch die Worte ausgegangen waren, griff er nach dem Whisky und schüttete ihn in einem Zug in sich hinein.

»... Wolken, regnet ihn herab ...«

Der Schiffskasten begann allmählich wieder, wie eine dicke Tante auf der Karlsbader Kurpromenade, zu schlenkern – und die Nadel rutschte, einige Plattenrunden überspringend, an der Stelle ab »... verschlossen war das Tor, bis ein Heiland trat hervor ...«

»... das Barometer im Speisesaal sinkt ... das gibt morgen Abend –?« fragte Franzi.

»Ach wo, – ein bißchen Dünung bringt nur Stimmung ins Fest ... « erwiderte der Zahlmeister und packte die Flügel ein, die Franzi behutsam wie ein Glasservice in ihre Kabine hinunter trug – – –

Der Morgen war grau und voll jagender Wolken. Himmel und See flossen verwaschen ineinander, indes der Dampfer sich bemühte, den zweitägigen Bogen um das Kap der Guten Hoffnung zu umstampfen.

Im Damensalon saßen zwei Engländerinnen und zupften Christbaumwatte. Eine Turnlehrerin aus Südwest schnitt aus Goldpapier den Stern von Bethlehem, ein Italiener klimperte auf dem Tafelklavier und der Tischsteward putzte mit Amorpomade die Tasten des Harmoniums.

Ich ließ mich rasieren. Aus der Friseurstube kam ein Erdrutsch.

Der Gehilfe hielt sich an dem Haarwuchs des Kunden fest. Am Bullauge saß bleich der Engel des Abends und ließ sich Dauerwellen durchs Haar fließen – indes draußen Sturzwelle über Sturzwelle über die Decks brach. Es gab keinen Punkt an Bord, der nicht in das Geschaukel des Seeganges aufgenommen wurde. Es schlenkerte der Ventilator, die Haare, die dem Zweiten Offizier aus der Nase wuchsen, der Seifenschaum in dem Gesicht des Ersteklassepassagiers, – und der eigene Magen.

Der Weihnachtsengel fixierte im Regal eine Lebkuchenschachtel, die der Friseur zum Verkaufe ausgestellt hatte. Auf der Blechdose war die Burg von Nürnberg abgebildet. Über den Dächern lag Schnee – und ein Schlitten fuhr durch die fränkischen Gassen. Um das Kap, die Brecher und ganz Afrika zu vergessen, versenkte sich der werdende Engel in die Bilder der Lebkuchenschachtel, hörte das Schlittengeklingel und sah nach kerzenhellen Weihnachtszimmern. Trat in ein Haus ein, und es roch nach Zimtsternen und Marzipan …! Der Vater hing gläserne Eiszapfen an den Tannenbaum. Franzi hörte, wie ein Blechschutzmann aufgezogen wurde. Und eine Kindereisenbahn raschelte über den Boden … Flocken fielen weiß und weich. Jetzt hatte sie zwei Dauerwellen im Haar. Und draußen vor dem Bullauge liefen die Wellen des Kaps gegen die Schiffswand.

Im Speisesaal übte die Bordkapelle Weihnachtslieder. Die Noten schienen zu tanzen. Der Ringelreihen des Schiffes sprengte den Takt des Liedes.

Der Quadermeister trug über den Betriebsgang den Weihnachtsbaum. Wie ein Regenschirm verpackt, wurde er aus der Heimat ans Südende Afrikas mitgebracht. Schüchtern und ängstlich legten sich seine Zweige auseinander. Zwei Stewardessen schmückten ihn mit Glaskugeln, goldenen Nüssen und Engelshaar – und stellten ihn in der Ecke des Speisesaales der Zweiten Klasse auf.

Da der Kapitän die tägliche Runde macht, zwinkert er in die Gesichter bereits ein weihnachtliches Wohlgefallen als Vorschuß für den Abend. Er sprach leise andeutend von der Überraschung, die der Zahlmeister in der Form eines Christnachtengels vorbereitet hatte.

Und das Barometer sank. Im Torkeln des Schiffes liefen die Aschenbecher auf den langen Tischen Schlittschuh. Die Schlenkerleisten wurden aufgeklappt.

Abend und Sturm kamen näher. Aus der Küche roch es nach Gansbraten. Ich klopfte an Franzis Kabine.

Sie saß auf der Kante ihres Bettes und versuchte, sich das Kostüm des Weihnachtsengels um den Leib zu zaubern. »Neun haben wir, da fress' ich Putzlappen ...!« – – »Das sind schon über zehn, mein Junge ...!« unterhielten sich nebenan zwei Kabinennachbarn, wobei die Zahlwörter die Höhe der Windstärken bedeuteten.

Und es dauerte eine Stunde, bis Franzi als Engel mit dem Flügelpaar komplett vor dem Spiegel stand. Aber Engel, Flügel, Spiegel und Hirnkasten tanzten einen Wirbel gegeneinander. Die Wände und Decke der Kabine verschoben sich zu Parallelogrammen. Franzi hatte gerade noch die Kraft – sich durch die leeren Gänge aufs Promenadedeck zu schleppen. Brausen, Pfeifen und Zischen kam durch das Schwarze und Samtene der Nacht, der Heiligen Nacht. Der Anprall einer Woge warf den Engel in das Gerümpel zusammengeschobener Liegestühle. Und das frischgestärkte Flügelpaar klemmte sich zwischen die Leisten, kam zermantscht wie ein zertanztes Frackhemd wieder aus dem Verhau – und sah eher nach Champagnerorgie als nach Christnacht aus ... Und der lädierte Engel flüchtete nach Achtern. Gongschläge liefen durch alle Räume des Schiffes und signalisierten Passagiere und dienstfreie Offiziere zur Weihnachtsfeier. Im Speisesaal leuchtete der Tannenbaum auf. Die Passagiere erschienen in großer Toilette. Die Tropenfracks der Herren ersetzten das Weiße eines Schneegestöbers. An den funkelnden Dekoltés der Damen konnte man erraten, daß der Dampfer Passagiere aus dem Brillantenland Südwestafrikas an Bord hatte. Die Offiziere, Ingenieure und Beamte stellen sich neben die Tanne in Positur, und das Blitzen der silbernen und goldenen Dienststreifen ging mit in den Christbaumschmuck über ...

Der Kapitän klingelte in der Erwartung – der Engel würde wie »Volle Fahrt voraus« hinter der Türe stehen. Und die Türe war beim Öffnen nichts, als ein Rahmen ohne Bild. »Wo ist der Engel...?« kam es – halb Frage, halb Kommando – wie nach dem Kursdreieck über seine Lippen.

Gänge wurden durchlaufen, Türen aufgerissen. Das ganze Schiff war gleich einem Paket aufgebrochen – zur Jagd nach dem Engel. Und als ich nach bangen Minuten an der Wäscherei im Hinterschiff vorüberkam und durchs Fenster sah, erblickte ich unter den Chinesen, die als Wäscher mitfuhren, den Weihnachtsengel. Er saß weinend auf einem Korb schmutziger Servietten. Chen Tsai bügelte die Flügel aus. Und Wan Ying Tong wischte die Tränen ab, die über die aufgeklebten Sterne des himmlischen Kleides wie Wachstropfen herabfielen. Die hehre Gestalt kaute trockene Schwarzbrotrinde. Streichelnd führte ich Franzi in die Kabine hinab, nahm die frischgestärkten Flügel untern Arm und zog sie hinter mir her.

Spät in der Nacht klingelte es aus ihrer Kabine. Der Steward erschien und vernahm den Wunsch der Heiligen Nacht. Und bald lag über ihrem Bett die blecherne Lebkuchenschachtel aus dem Friseursalon. Immer wieder drehte sie die Dose nach einer anderen Seite – bis Nürnberger Burg, verschneite Gassen und Weihnacht geschlossen wie ein strahlender Heiligenschein in ihr und ihrem Traum waren.

Indes ums Kap der Guten Hoffnung die Wolken in Fetzen jagten, Wogen in Berg und Tal zerfielen – und der Wind Erde und Himmel ineinanderschob …

Indes das Schiff seine kleine Heilige Nacht durch die aufgewühlte Allmacht stampfte.

Der Weg ins Paradies

Die Bucht von Baira ist nichts als Dampf.
Und ich stelle mir vor: An ihren Rändern müßten Fett und Öl brodeln. Die Fische schnellen halbgebacken aus der Flut – und in Gedanken garniere ich sie mit Kartoffelsalat.

Hier rüsten wir uns zu einem Familienausflug.

Unsere portugiesische Barkasse zischt durch den heißen Brei und rührt die erdachte Mahlzeit durcheinander.

Der Motor besitzt das Geräusch einer Nähmaschine mit Handbetrieb. Und der Kapitän ist eine erfolgreiche Kreuzung zwischen Kaffer und Mongole. Wenn er sich freut, fällt sein Gesicht in zwei Erdteile auseinander – und Asien und Afrika lächeln getrennt.

Ein Fluß mündet zäh und faul.

Kleine Buchten sind durch Baum und Strauch überdacht. Ungewisses Dämmerlicht erfüllt sie und macht daraus Kapellen und Kathedralen.

Kraniche, Pelikane und Marabus betupfen weiß den Strand. Hunderte … Tausende …

Der Fluß heißt M'Buzi – und hat als Anzeichen von Lebendem voraus ein »Mu« stehen. Die Übersetzung bedeutet – »Ziege«. Aber in seinen Fluren brausen statt Geißböcken – Herden von Krokodilen. Weich gleiten sie vom Land ins Wasser. Und wenn es einmal

Krokodilen zu heiß wird, sieht der Mensch violette Kreise durch die Luft ringeln.

Um nicht einzuschlafen, fängt die drei Mann starke Besatzung des Bootes die Hornissen vom Sonnensegel weg.

»Hypos ...!« schreit der Steuermann. Und zehn Meter neben der Barkasse hebt sich schwarz und fauchend ein Flußpferd aus dem Wasser. Und dort wieder ...!

Fotoapparate fliegen aus den Ledertaschen ... Teleobjektive drohen schußbereit. Aber die Entfernungen wechseln wie Blitze ... Die Riesenschädel tauchen hier auf sechs Meter unter und dort auf hundert Meter wieder auf. Und das Boot schlenkert in diesem Wasserspiel wie eine Schaukel hin und her.

Sechsmal bekomme ich nur die leere Wasserfläche auf den Film. Erst die siebente Aufnahme zeigt zwei schwarze Punkte, die statt Flußpferdköpfe ebensogut zwei aufgespannte Regenschirme bedeuten könnten.

Und ich habe doch schon das rote Zahnfleisch in den aufgerissenen Rachen gesehen und den unnachahmlichen Gurgellaut gehört.

Die Ufer rücken allmählich – wie Liebespaare auf dem Sofa – zusammen. Grashütten der Schwarzen heben sich aus der Böschung. Ein Rudel Hundsaffen fegt durchs Gestrüpp. Busch und Tier kommen in die Enge. Und der Fluß wird zum Lehrbuch der Zoologie, aus dem die numerierten farbigen Abbildungen lebendig herausspringen.

Raffiniert, spannend und sensationell aufgezogen steigert der M'Buzi seine exotische Sammlung. Mit Stechfliegen fängt er an – um mit fauchenden Zentnergewichten nicht zu enden. Und ewig zieht die Fahrt den Fluß hinauf. Ich weiß nicht mehr, fahren wir Stunden ... Wochen ... Jahre ...?

Auf dem bleiernen Glanz seiner Flut ist alle Zeit wie ein Papierschiff abgesackt. Als faulende Baumstämme liegen Krokodilsrücken im Wasser.

Und wieder schreit ein Affe wie die Tonfilmapparatur eines Vorstadtkinos auf ...

Einbäume mit nackten Menschen ziehen am Ufer hin.

Weitgespannt und laut kreisen die Riesenvögel der Waldsteppe.

Die Lappen des europäischen Gehirns blättern wie in einem Wörterbuch nach jenem Ausdruck, der das Unerhörte erfassen könnte. Sie schnappen es nicht und das Gewaltige besteht weiter wortlos in einem großen Wandel ... ein Fluß durch afrikanisches Land. Und nichts weiter.

Plötzlich steigt kaum sichtbar auf der Steuerbordseite ein Pfad an. Aus einem Wald von Elefantengras späht, wie eine Familie mit spitzen Strohhüten, ein weltverstecktes Negerdorf.

Wir legen an, gehen durch wilde Bananen und Mais. Und stehen im Mittelpunkt des Dorfes. Rund um Afrika habe ich Hunderte von Eingeborenendörfern gesehen. Aber –:

»Hier ist das Paradies ...« Ein Brocken Welt – hat sich bewahrt. Durch die Luft geht ohne Anfang und Ende ein singender Ton. Und der schwingt – als würde am Ende der Welt ein Harmonium stehen, das durch die große Weite ewig einen Ton spielt.

Um diesen Laut hocken die Hütten. Die Dächer berühren rundum den Boden und lassen ein Schlupfloch frei. Hier kriecht der Mensch von einer Freiheit in die andere.

Über Dach und Platz liegt der Mittag. Alle Schatten haben sich in die Hütten verkrochen. Allein das senkrecht fallende Licht dirigiert.

Im Geäst des Affenbrotbaumes sitzt unsichtbar ein Regisseur und leitet die Handlung, in der nichts und alles geschieht.

Ein Mann aus Bronze geht in die Sonne. Zwei Meter über unseren Tropenhelmen turnen Papageien.

Bambusstämme reiben sich knarrend und ächzend die Leiber. Eine Frau kehrt mit einem Palmzweig den Eingang zum Paradies.

Aus dem knallgrünen Gestängel von Zuckerrohr späht ein Rudel Kinder. Kreischend nehmen sie vor dem weißen Mann Reißaus. Der europäische Kinderschreck vom »Schwarzen Mann« hat hier nur seine Farbe gewechselt.

Im Tausch gegen mein rostiges Taschenmesser holen Männer aus den Kronen der Königspalmen Kokosnüsse herab. Und wir lehnen unsere Rücken an den Großvaterleib des weitausholenden Baumes und trinken das Wasser der grünen Nüsse. Und die Welt geht vor Erfüllung abwechselnd auf und unter.

Ohnmacht wechselt mit Gottvatergefühl. Wir liegen am Nabel der Erde und sausen gleichzeitig Schächte des Vergessens hinab.

»Hier ist das Paradies ...« flitzt als einzig Denkbares immer wieder durchs Gehirn.

Europa ist versunken und nicht einmal mehr in Postkartengröße vorstellbar. Nichts erinnert an das Schiefergraue des Nordens. Nur die Hühner gackern wie an der Donau – – – Niemand sprach heute über Jagd, Sisalernten und Kaffeebaisse. Jeder schlich für sich hin.

Wir versanken ins Paradies und vergaßen die Zeit. Durch Rufe und Pfiffe mußte zum Aufbruch gemahnt werden. Und es dauerte lange, bis die Gesellschaft wieder in das Boot zur Rückfahrt verfrachtet war.

Ein holländischer Professor hatte sich in einer Hütte versteckt. Er wollte nicht mehr zurück und allein mit seinen drei Chinintabletten in der Wildnis leben und sterben ...

Franzi in Seenot

Der Kapitän sitzt wie ein Tafelaufsatz in der Mitte unseres Abendtisches. Und wenn er lacht, zittert die Schokoladecreme am Ende des Speisesaales mit.

Wir essen Manga, die schönste und schwierigste Frucht der Tropen. Mit Hingabe und Genuß ist sie nur in einer Badewanne zu verzehren.

Der Kapitän erhebt sich heute vorzeitig vom Tisch. »... ich muß wieder auf die Brücke ... die Küste wimmelt von Sandbänken ...«

Franzi schluckt diesen Satz würgend mit der letzten Faser Manga hinunter.

» Ja, dieser Teil der Fahrt ist nicht ungefährlich ...« sagt jemand hinter uns.

Bisher stellte Franzi das Schiff wie eine Gipsfigur auf den Kopf und ließ sich sorglos als Flaschenpost um den dunklen Erdteil schaukeln. Seekranke Mütter vertrauten ihr die Kinder zum Ankleiden an, und beim Frühstück schauten die Hosenlätze der Knaben nach hinten. Was während der Fahrt an ihr in Fetzen ging, schleudert sie gleich einer Handgranate durchs Bullauge – und eines Morgens schwamm in der Bucht von Porto Amalia Franzis Abendkleid. – Und hinter Mozambique fraß sie den Affen die Bananen weg.

Heute aber ist sie wie verwandelt. Erzählte Katastrophen lassen sie nachdenklich werden.

Die Bar im Salon ist längst geschlossen, und ich trinke mein Sodawasser, das 35 Grad Wärme besitzt – und doch wie eine Brause wirkt, wenn man vorher hineinbläst. Dann versuche ich zu schlafen.

Ich zähle immer wieder bis hundert, klopfe mit der großen Zehe im Dreivierteltakt an die Kabinenwand, vollziehe im Geiste Kopfrollen und Gewehrgriffe – und schlafe ein ... Und ich träume – – –

Auf Handbreite neben mir plätschert ein Mann in einer Badewanne mit Tannenduft. Er läßt den Zeigefinger am Daumen entlang schnellen und spritzt mir je einen Tropfen Wasser ins Gesicht. Ich fiebere nach dem Bad. Der Mann verlangt drei Shilling sechs Pence.

Ich reiche ihm eine englische Pfundnote. Aber der Besitzer der Badewanne kann nicht wechseln, spritzt immer wieder ins Gesicht und Traum. Bis es an die Badewanne trommelt, bis es an der Türe rüttelt ... Im Halbschlaf denke ich noch – jetzt wird mir gewechselt und ich darf in die Wanne steigen ...

Ich öffnete schlaftrunken ...

»... Wir sind aufgefahren, gestrandet ... das Schiff geht unter ...!«

Unsinn – – – eine Badewanne kann nicht untergehen, denke ich noch – und erwache erst vollkommen, da eine Hand das Licht andreht. Franzi steht – nur mit dem Mantel bekleidet – wie ein Revuestar vor mir. Aber in ihrem Antlitz lagern Schrecken und Grauen. Sie ähnelt einer Schmierenschauspielerin im letzten Akt eines Trauerspieles.

»... hast du nicht den Ruck gehört ...?« »Und oben an Deck schreien sie wild durcheinander ...!«

Ja, einen Ruck habe ich gehört, und ein Geplärr sickert in die Kabine herab.

»Wir müssen uns retten ... wir sinken ...!« und Franzi ist wieder aus meiner Kabine verschwunden.

Aufgefahren ...? Die angekündigten Sandbänke des Kapitäns werden zu Bettvorlagen und schieben sich vor meine Koje.

Und wenn schon ...? Das wäre nicht das Schlimmste. Im Leben sind wir schon oft gestrandet. Warum nicht einmal im Indischen Ozean ...?

Ich horche auf einen Alarm. Aber es rasseln auf Deck nur Ketten und Bronchien aus den umliegenden Kabinen.

Tropen machen teilnahmslos und phlegmatisch. Und ich schlafe wieder ein.

Die Holzfüllung meiner Kabine kracht, Fäuste poltern. »Bist du fertig ...?«

Franzi tritt wieder über die Schwelle. Sie hat sich zwei Schwimmwesten umgebunden und ihr Leib besteht aus Kork. Unterm Arm trägt der lebende Sektpfropfen die »Alarmvorschriften« unter Glas und Rahmen. Sie hat die Tafel über Rettungsmaßnahmen am Betriebsgang von der Wand gerissen, um eine numerisch geordnete Gebrauchsanweisung für ihre Seenot bei sich zu haben. »... du liegst noch im Bett ...? Und denkst nicht an meine Rettung ...?« Aus ihren Augen fallen Tränen. Ich denke mechanisch ... die fallen so, daß sie mit der Zungenspitze wieder aufgefangen werden könnten.

»... das ist die Höhe ..., das ist deine Liebe ...?«

»Franzi, schrei nicht so ...?«

»Ich schrei nicht ...! Du schreist ...!« Und vorerst ging nichts als ihre Stimme unter, die im Heulen ertrank.

»Aber Franzi, ich glaube nicht, daß – «

»... ein Egoist bist du ...! ... ein treuloses Mannsbild ...!«

Ich richte mich im 45 Gradwinkel vom Bett auf, um einstweilen symbolisch meine bereite Hilfe anzudeuten.

»... Pfui Teufel ...! Aus ist's mit der Liebe ...!«

»... und was hast du denn in der Hand ...?«

»... meinen Schminkstift und das Geld ...!« sprechen die Tränen.

»... es ist ja alles nicht so schlimm, wenn wir wirklich ...« Wie ein Windstoß fegt Franzi in ihre Kabine zurück. Ich höre am Knarzen der Matratze, wie sie sich aufs Bett wirft. Sie erweckt Reue und Vorsatz. Und hält doch Schminke und Geld in beiden Händen, falls sie auf wunderbare Weise gerettet würde.

Sie ist auf Land und Jenseits vorbereitet. Draußen wächst das Geschrei und Gepolter an. Erst jetzt fällt mir auf, daß die Maschine seit langer Zeit still steht und das Schiff festliegt. Und die verhaltene Ruhe aus den Nachbarkabinen wirkt beängstigend.

Ich richte mich vollends im rechten Winkel auf. Über mir höre ich Tritte – und gleich darauf riecht es durch den Duftschacht nach Morgenkaffee ...

»Gerettet ...! Riechst du nichts ... ?« rufe ich in Franzis Kabine. Aber sie liegt erschöpft und schweißgebadet mit Mantel und zwei Schwimmwesten im Bett. In der Waschschüssel schwimmt ein bleistiftbekritzelter Zettel. »Funkspruch« ... Sie hat sogar die Nachricht für die Heimat vorbereitet: »Glücklich gerettet – Franzi.«

Aus der Dämmerung des tropischen Morgens hebt sich die ostafrikanische Küste, an der wir seit drei Stunden vor Anker liegen – und auf den Lotsen zur Hafeneinfahrt warten.

Und solange schrien auch vom nahen Negerdorf gröhlende Stimmen das Schiff an.

Franzi erwacht leider zu früh vor dem aufgestellten Fotoapparat mit Blitzlichtpatrone.

Und ungeknipst müssen die Schwimmwesten, zwei Hände voll Geld und Schminke und Franzis erster Tropenkoller vorübergehen – – –

In den Höhlen des Grauens

Im Morgennebel liegt die Bucht von Tanga.
Im Westen umzieht den Horizont das Usambaragebirge. Und als Ahnung brütet im Dunst der Kilimandscharo.

Eingeborene rudern mich singend zur Stadt. Am Landungsplatz tauchen im Kopfsprung Negerfamilien ins Wasser und die Männer verlieren ihre Badehosen.

Der Wirt vom Tanga-Hotel hat seinen Boys rote Schärpen umgehängt, auf denen in weißer Schrift ihre Beschäftigung angegeben ist. Und wenn die Schwarzen ihre Bestimmung vergessen sollten, so können die Gäste ablesen, was sie ihnen befehlen wollen. Auf der Terrasse hängen unter Glas die Fotos vom Großwild. Und Afrikareisende, die noch kein Raubtier zu Gesicht bekommen haben, finden hier Gelegenheit – wilde Elefantenherden, zischende Nattern und Löwen im Sprung in der Brusttasche zu tragen.

Hinterm Haus hat sich der Wirt einen kleinen Zoo eingerichtet. Im Käfig springt eine Familie Hundsaffen von einer Ecke in die andere. Und in melancholischen Nächten kommen zuweilen die freien Brüder aus der Wildnis zu Besuch, setzen sich vor das Drahtnetz und demonstrieren den gefangenen Verwandten – was es im Affenleben bedeutet, Glück zu haben ...

An einem Morgen besuchen wir die Ausläufer des Usambaragebirges. Tropenwelt reißt sich zu Tälern und Schluchten auf. Rauschende Bäche fließen durch Regenwälder.

Die Erde dampft und tropft. Der milchige Dunst des Himmels wölbt sich.

Wir hopsen im Auto an Zedern, Palmenwäldern und Sisal vorbei. Die Straße wird Humbug und hat Löcher wie ein Bauernschädel nach der Kirchweih. Wir schweben über den Polstern und sitzen mehr in der Luft als im Wagen.

In einem Fluß baden Massaineger wie Krokodile.

»... ist einer der landschaftlich schönsten Teile Afrikas ...« liest Franzi über das Usambaragebirge aus dem Reisebuch.

Im Busch sonnt sich ein abgebranntes Negerdorf. Ein altes Weib ergreift vor meinem Fotokasten die Flucht.

Und wir steigen vom Auto in den Urwald um. Baumriesen, Lianen und Wände von Gestrüpp überdachen den Pfad zum Gewölbe. Die Sonne ist weggewischt und wir gehen im Dämmerlicht von Kathedralen. Tritte stampfen ins Ungewisse. Fingerlange Dornen kratzen unsere Gamaschen.

Schnellende Zweige schlagen die Tropenhüte vom Kopfe.

Der ebenholzschwarze Boy faucht als Lokomotive voraus. Er kennt den Pfad wie ein Tier und weiß auf englisch nur die Wörter der Gefahr. Wenn es raschelt, schreit er »Snakes …!«

Die Wälder sind nicht still. Und zwischen fotografierten und erlebten Urwäldern liegt trennend eine Welt.

Tausendfaches Zirpen übertönt die menschliche Unterhaltung. Und Vögel gibt es, deren Gesang wie das Weinen von kranken Kindern gellt.

Tintig und ungewiß funkeln Altwasser durch den Verhau, und ich möchte darin keine Fußbäder nehmen.

Während des Marsches sammelt unser Boy dürre Palmblätter. Und wir tragen die viermeterlangen Stengel wie Baumstämme über die Köpfe gestemmt.

Bergab, bergauf windet sich der Pfad. Alles Wachstum geht in Panik über. Wir drängen uns durch brodelnde Fruchtbarkeit. Der Bergwald beginnt. Von überragendem Gestein herab winken schwindelfreie Zwergpalmen.

Wir stehen vor magischen – Höhlen.

Die Eingänge ähneln Portalen von gotischen Domen. Und so lange das Licht mit ins Innere geht, bleibt die Umwelt noch Idylle. Der Boy hat aus den dürren Palmblättern Fackeln gedreht – die wir in Brand stecken. Die Höhle weitet sich zur Halle ewiger Finsternis. Die Fackeln knistern und sprühen Funken. Der Schein krabbelt über den Boden und an den Wänden hinauf – und formt die Räume zu Bäuchen, Türmen, Kuppeln, Därmen und Rachen. Abwechselnd drückt die felsige Decke herab und steigt gigantisch in die Höhe. Bizarres und Groteskes übersteigern sich.

Und Boden, Wände und Decken sind lebendig, bewegen sich – mit Getier tapeziert. Nicht Hunderte – nicht Tausende – Hunderttausende von Fledermäusen kleben mit ihren Nestern zur Linken, zur Rechten und über uns. Und Höhle führt zu Höhle … Der Fackelbrand läßt die Schatten wandern – und scheucht ganze Schwärme dieser Tiere auf, die irrsinnig zwischen Licht und Dunkel hin und her stoßen.

Die ersten Fackeln brennen herab und beleuchten nurmehr die lehmige Erde, die mit Asseln, Würmern, Tausendfüßlern und Schildkröten, Fröschen und Käfern bedeckt ist. Jeder nächste

Schritt tritt auf Weiches, Glitschiges. Ekel und Grausen wird überlebensgroß! Alles Lebendige ist fingerdick mit einer Staubschicht bedeckt ... Vergessenes Getier, das im Staube lebt, kriecht und sich liebt! Der paradiesische Fluch wird hier Erfüllung ... Ein Bibelwort hat furchtbare Gestalt genommen ...

Jahrelang abgesperrte Wohnungen, Schubladen und Bauernkästen – seit Menschenalter nicht geöffnet, halten ähnlichen Moderdampf aufgespart.

Mitten im kriechenden Lebendigen nistet das Ende des Lebens. Die Schöpfung scheint ihre Geschöpfe vergessen zu haben. Alle Bilder und Allegorien vom Inferno sind Mumpitz geworden ... Hier wölbt sich kein Gleichnis, hier hat sich das Entsetzen leibhaftig inkarniert ...

Der Boy zündet die letzten Fackeln an – und wir stehen gebannt noch im Herzgeviert des Grauens ...

Die Fackel verglimmt und die Streichhölzer aus vier Männertaschen sind verbraucht. Die Feuchte der Schlucht hat sie zu Geduldspielen entwertet.

Die Finsternis läßt Sammet fallen. Auch das Weiße in den Augen des Negers geht in Nacht unter. Die Frauen fallen in Mulden und Weinkrämpfe. Wir tasten uns als Kette den krabbelnden Wänden entlang. Ich prüfe jedes Auftreten vorher mit den Fußspitzen aus.

Der Boy führt. Kein Wort fällt. Alle Sinne sind auf Leerlauf gestellt ... Nur das Tastgefühl läuft sich heiß ...

Bis es hinter einer Biegung in mattem Grün blinzelt. Der Weg führt ins Freie ... Und die sonnendurchsickerte Wildnis wird zum jubelnden Licht.

Jubel und Umarmung, Aufschrei und Bruderkuß wird der große Wald.

Und am Ausbruch dieses explodierenden Lebens gemessen, sinken alle botanischen Gärten der Welt – zum Ansehen von Schnittlauchstöcken herab.

Und Afrika hält sich die Waage zwischen Himmel und Hölle.

Tanzende Nächte auf Sansibar

Der Himmel ist ein funkelndes Paillettenkleid – und darunter liegt die Nelkeninsel zwischen Nacht und Ozean.

Das Schiff ankert auf offener Reede, und die Lampen des Fallreeps färben das Wasser smaragd.

Eine Völkerschau rückt in Ruderbooten an. Und die Treppe verfällt in Trommelwirbel.

Auf dem Promenadedeck läßt sich ein indischer Hühneraugenoperateur nieder. Er schneidet – und saugt das quälende Auge mit dem Mund aus.

Für sechs Pence fahren wir ans Land des Wunderbaren hinüber – – – Sansibar …!

Die Häuser der Bazargassen schaukeln zwischen Licht und Schatten. Weiße Wände werden lebendig, rücken zusammen, gehen auseinander und sind Ziehharmonikas geworden. Aber noch ohne Melodie …

Wie auf Bestellung zieht der wachsende Mond auf. Bis zur vollen Rundung fehlen noch fünfzig Pfennig Nachzahlung. Gesichter werden zu Zifferblättern von Radiumuhren, die des Nachts leuchten. Meine Freundin zeigt en face dreißig Uhr an. Dies Licht überschwemmt die Zeit … An den Mauern der Höfe lehnen Gestalten. Die Konturen ihrer Leiber sind verschwommen. Sie müssen schon einmal ausgewischt – und wieder nachgezeichnet worden sein. Das Übersinnliche ihres Gewerbes ist abgeschminkt. Die Gesichter fallen in die nüchterne Welt zurück – die Nacht nimmt alle Magie aus ihren Händen und zaubert in eigener Regie.

Augenärzte haben fliegende Stände aufgeschlagen und prüfen Kurzsichtigkeiten über den gekräuselten Verkehr der Gasse hinweg. Indische Kaufleute sitzen vor ihren offenen Läden und machen Kasse. Die Einschreibungen im Hauptbuch sehen wie frisch aufgezeichnete Märchen aus. Ein Maharadschah träumt aus drei Dutzend Holzpantoffeln à zehn Schilling. Die Vollbärte erinnern nicht an europäische Oberlehrer. Sie haben das samtene Fließen des Ganges, und selbst die verirrten Reste Reis werden noch zu Brahmanen, die im Fluß des Bartes heilige Bäder nehmen.

Türen und Tore Sansibars sind nichts als Prunk und Pracht – aber hinlänglich bekannt und aus Abbildungen in jeder besseren Kunstgeschichte ersichtlich.

Herrlicher sind die Köpfe, die sich durch ihren Spalt schieben. Fremdes Leben neigt sich unfaßbar auf die tropische Gasse. Sie sind gleichzeitig handgreiflich nahe und doch unendlich fern. Diese Weitennähe übertürmt die Gewichtigkeit holzgeschnitzter Portale, die ewig zum Museumsdasein abrutschen. Und ein lebendiger Bettler zeigt mehr Diesseits und Jenseits auf – als ein elfenbeingedrechselter Kaiser.

Wir gehen durch die Nacht von Sansibar. Haben das Herz der Stadt schon durchquert und stehen am anderen Ende.

Der Boden geht auf und nieder. Pfützen und Kloaken schillern als Schmetterlingsflügel. Die Fächer der Palmen werden gespreizte Finger und greifen schwarz in das versilberte Licht hinein. Als Silhouette wachsen sie zur doppelten Größe an. Ihre Stämme stehen wie Frauen am Wege. In den Kronen hängen die Sterne.

Öllampen brennen vor den Türen. Nahe am Hafen leuchten elektrische Birnen, am Ende der Stadt brennen Kerzen, und jetzt rußen nur noch ölige Funzeln – bis von den Negerdörfern her die Pechfakkeln aufleuchten. Wir wandern in einer Nacht durch die »Geschichte des Lichtes«.

Da und dort leuchten vor der Wand des Himmels Ballen aus hellem Schein auf. Es zieht wie Zodiakallicht von der Erde hoch.

Geräusche gehen durch die Stille. Musik ertönt ... Trommeln ... Bambusflöten ... Suaheligesänge ...!

Lichter und Töne verraten die großen Tanzplätze der Neger. Eine tropische Insel tanzt ...!

Wir haben das Glück, kurz vor Rhamadan und im Zeichen des Nordostmonsuns die Insel zu erleben. Es ist zwei Tage vor dem großen Fasten. Von Essen und Liebe wird Abschied gefeiert. Und um diese Zeit treibt der Nordostwind tausend indischer Dhaus mit östlichen Waren und Menschen nach Sansibar. Auf diese Barken – die – wie vor zweitausend Jahren – noch ohne Kompaß und Seekarte, nur nach den Sternbildern steuern, sind Inder, Beludschen, Araber, Perser, Schihiri und Somali gepfropft. Und mancher Orkan hat ganze Flotten dieser Dhaus vom Leben weggespült ...

Lärm rückt näher. Eine schwitzende, kichernde und schreiende Mauer aus Menschenleibern bildet die Umzäunung eines schwarzen Tanzplatzes. Fackeln und offene Feuer leuchten zusammen mit dem Mond.

»... diese Reigentänze heißen Ngomas und sind unter allen Eingeborenen Äquatorialafrikas heimisch ...« steht in einem Reisebuch geschrieben.

Und alles übrige muß erlebt werden.

Ebenholzschwarze Frauenleiber sind mit Maismehl weiß gepudert. Dieser Gegensatz macht sie, auch ohne alle Bewegung, zu exotischen Gespenstern.

Zehn Trommeln, mehr Flöten und einige hundert Negerkehlköpfe erheben sich zum Orchester. In die Frauenleiber fährt Rhythmus. Sie bewegen sich aus dem Schatten der Hütten ins Licht. Ketten und

Fetzen von Tierfellen ersetzen die fehlenden Lappen. In den Händen halten sie Beile und Roßhaarschwänze.

Um ihre Gelenke klirren die Schellen. Und noch zum wildesten Taumel qualmen sie aus ihren Pfeifen, die von den Mundwinkeln herabhängen. Der Halsschmuck besteht aus getrockneten Früchten, Glasscherben, Eisenschrauben und Anisbrot.

Jeder Muskel tanzt und vibriert für sich. Ihre Brüste sind ein Tänzerpaar.

Ein Knäuel von vierzig Leibern weitet sich zum Reigen. Beine treten vor und zurück. In diesen Beinen liegt die Fortpflanzung pulsierender Tropenerde und das Beben des Waldes.

Ein Vorsänger heult auf ... Und der Chor bricht ein. Luft und Boden erzittern. Ein Erdbeben primitiver Lust steigt in die Nacht ... Die dickste der Tänzerinnen führt zu neuen Figuren an. Schweiß perlt über die Rücken. Das Tempo wächst und steigt wie ein Fieber ...

Bäuche und Näbel vibrieren wie elektrische Klingeln. Vom ganzen Leib tanzt nur noch der Bauch allein ...

Trommeln und Flöten werden irrsinnig. Die Stimmen fallen in epileptische Anfälle. Über den balkonartig vortretenden Lippen wächst Schaum an.

Die Augäpfel der Zuschauer tanzen mit, treten über das Gesicht hervor und zwängen sich in den Tanz. Und das Tempo steigt ... Allmählich zucken Leiber, Bäuche und Beine nur aus der Not heraus – nicht voneinander in die Luft zu fliegen. Alles drängt nach Grenzenlosigkeit.

Bevor der Mensch platzt, bricht er zusammen. Die schwarze Orgie verebbt keuchend. Ich klebe der Vortänzerin einen Schilling auf die nasse Stirne. Sie versucht – mit hochgestellten Augen, das Geschenk zu erschauen. Und dreht es wie ein Wunder in der Hand.

Wir gehen zum nächsten Tanzplatz ... zum vierten ... zum sechsten ... zum zehnten – – –

Zwischen den Tanzplätzen ist die Ruhe der Grashütten wie Pausen gelegt. Aus Dachvorsprüngen, Palmzweigen und Lehmlöchern zaubert ein Herdfeuer die Mystik von Seitenaltären. Vor den leisen Flammen sitzen Fiebernde in Fetzen gehüllt und frösteln im Wärmedampf der Nacht.

Über aller Lust schwebt dickgeballt die Malaria tropica. Sie steigt aus den Sümpfen und Tümpeln auf, geht durchs Gedärm der windarmen Gassen und mischt sich in die Tanzplätze. Und der Freier tanzt mit seiner Krankheit.

Zwischen zwei Festen ertönt Grabgesang. Ein Mensch ist, umgrenzt vom taumelnden Willen zu leben, gestorben.

Der Tote liegt in der Hütte, und die Gesänge gehen als letzte Freunde ein und aus ...

Wand an Wand, nur durch Zäune und Finsternis getrennt, tanzen Leben und Tod ...

Aus dem großen Osten zieht der Morgen hoch. Im Scheitel der Insel fließen Nacht und Tag ineinander.

Sansibar tanzt noch immer.

Und in der Türkisbläue des Indischen Ozeans ersäuft die tanzende Nacht − −

Und ganz Sansibar möchte ich wie Fleischextrakt zusammenbrauen – und es noch messerspitzenweise genießen, wenn es wieder viele Tagreisen in der südlichen Ferne liegt.

Dieses Stück Erde zeichnet alle, die es einmal erlebt haben, mit der Qual der Sehnsucht.

»Kehre wieder, Insel der Magie ...!«

Roman eines fliegenden Fisches

Während wir an der Küste des Somalilandes nach Norden schwimmen, wischen sich im Speisesaal die Passagiere mit den Servietten die Reste des Heringssalates aus den Mundwinkeln.

Und die Kinder des Portugiesen benützen das Treppengeländer als Rutschbahn.

In der Kabine des Zahlmeisters haben vier Biergläser den Wellengang des Nordostmonsuns aufgenommen. Wie Kanarienvögel auf einer gemeinsamen Stange sitzen Schiffsarzt, Erster Offizier und Funker auf dem Bettrand.

Der Zahlmeister zieht mich in die Runde: »... In zwei Tagen sehen Sie Cap Guardafui ... die Somali hatten schon den dritten Leuchtturmwächter aufgefressen ... jetzt haben die Italiener eine Kompanie Bewachung hingesetzt ...«

»Und kennen Sie die Geschichte von jenem Schiffsjungen, der − −?«

»Nein ...« sage ich, während ein Brecher über das Deck fegt.

»... dieser Schiffsjunge hatte auch eine Afrikareise hinter sich und erzählte seinem Vater, der noch nie die See gesehen hatte, seine Abenteuer ...«

»Mensch, hör bloß auf mit dem alten Dreck …!«

»… erzählte seine Abenteuer: – – – In Sansibar war die Hitze so groß, daß die Schiffsschraube geschmolzen ist, und im Roten Meer warfen wir den Anker aus und zogen den Krönungswagen des Königs Pharao hervor – und dann, im Golf von Aden sah ich Fliegende Fische …

– – »Halt's Maul …!« schrie da der Vater und schlug dem Jungen wegen dieser unmöglichen Fische ›Eine‹ in die Fresse …«

»Mit diesem faulen Witz ernährt er geistig alle Passagiere.«

»Und wenn über eine Sache endlich einmal Gras gewachsen ist, so kommt sicher ein Kamel, das alles wieder abfrißt …!« endete der Zahlmeister, zieht aus seiner Importe einen Lungenzug – und man hört die Zahnbürste im Gurgelglas klingeln …

Um Mitternacht schreit meine Reisebegleiterin. »Schon wieder Tropenkoller …?« denke ich im Halbschlaf und schleiche mich vor ihre Kabinentüre. Und höre ein Patschen wie von unsichtbarem Applaus. Zerrissene Stiefel bei Regenwetter geben ähnliche Geräusche von sich … Ich öffne – und zwischen Florstrümpfen und Bananenschalen zappelt am Boden eine schlüpfrige graue Masse … Ich stelle Differenzialdiagnosen zwischen Ochsenfrosch, Fledermaus und lebendig gewordenem Damenhut. Allmählich nimmt der Witz des Zahlmeisters Gestalt an … Aus dem Ungewissen formt sich ein fliegender Fisch, den die Dünung des Ozeans durchs offene Bullauge hereinwehte.

Die Pointe der Anekdote liegt am Kokosläufer der Kabine. Und in mir entsteht ein zwiespältiges Verhalten. Man weiß – wie man Fische behandelt und kennt sich mit Vögeln aus. Aber was soll ich mit einem Geschöpf anfangen, das eine Kreuzung zwischen beiden vorstellt …? Soll ich's in die Waschschüssel legen, oder auf die Kleiderstange des Kastens setzen …? Und die Vorstellung »Fliegender Fisch« reizt meine Gehirnhaut. Bis zum Morgengrauen denke ich zwangsmäßig die Widersinnigkeiten: »Hölzernes Eisen – königliche Honorare – paradiesische Ehen …«

Inzwischen durchträume ich den Katalog eines Panoptikums. »Das Kalb mit zwei Köpfen – Mungo, halb Tier, halb Mensch – Die schwebende Jungfrau – Das Löwenfräulein –« zogen am Rande des Bettes vorüber …

Indes der Schlachter des Schiffes den Fliegenden Fisch in die Tropensonne legt und mit Sägspänen füllt.

An einen Bindfaden geknüpft, hängt er bald von der Decke der Kabine herab. Und statt Haifischflossen, Wellenkämmen und schwimmenden Algen, sieht er jetzt als Umwelt eine ausgedrückte Tube Sommersprossencrème und eine Glasröhre mit Chinintabletten.

Jeden Morgen ziehen neben dem Dampfer glitzernde Schwärme her ... Wolken aus Glassplittern tauchen aus dem Preußischblau des Indischen Ozeans auf, fliegen als Schwalben über die Wellen und tauchen als Fische wieder unter.

Im Roten Meer springt ein Passagier der Ersten Klasse ins Wasser, im Rauchsalon schlagen sich Südafrikaner und Engländer mit Sodaflaschen die Köpfe blutig, und über der Stelle, wo die Juden durchs zurücktretende Meer nach Ägypten zogen, findet auf dem A-Deck ein Bockbierfest statt. Der Fliegende Fisch hat alle Sensationen verloren und baumelt einsam von der Decke.

Inmitten des Suezkanals tauchen zum erstenmal die Fragen der Trinkgelder auf. »Was geben Sie für die Musik ...?«

»Drei Schilling ...«

»Und dem Badesteward ...?«

»Nichts – ich habe ihn rund um Afrika nicht in Anspruch genommen ...«

Hinter Port Said entflieht aus fragwürdigen Gründen meiner Reisebegleiterin die »Paradieswitwe« aus dem Vogelkäfig. Und das Bauer aus afrikanischem Schilf – im Stil eines Sultanpalastes gebastelt – steht wie ein aufgelassenes Zuchthaus in der Sofaecke der Kabine.

Nichts Böses ahnend, hängen wir beim Packen den präparierten Fliegenden Fisch in den Käfig. Und einen Tag vor Genua riecht er schon nach Spaghetti mit Parmesan.

Beim Abschied trage ich Pfeile, Speere und Bogen, Franzi schleppt den Käfig. Im Zollschuppen muß ein Beamter einen saftigen Kalauer erzählt haben, denn die Halle biegt sich in schallendem Gelächter. Über die freien, übersonnten Plätze der Stadt Genova sind wir plötzlich zur Spitze einer Prozession geworden. Am Gehsteig treten Passanten wie vor einem Brautpaar zurück – um hinter unserem Rücken als quirlendes Kielwasser wieder zusammen zu fließen ...

»... Die lachen über dich ...!«

»... Oder über deine hennagefärbten Fingernägel ...?«

Über den Bahnhof zieht eine Schülerklasse. Da der Lehrer uns gewahr wird, biegt er links ab, stellt sich mit seiner Klasse wie eine Parade an der Häuserwand auf, und schon sind wir von einem Ringelreihen umrahmt.

Drei Dutzend Zeigefinger deuten nach dem Käfig. Wir setzen unser Afrikagepäck aufs Pflaster und schwimmen als Fettaugen über Zuneigung und Interesse. Diese Teilnahme stimmt uns redselig.

Bis in die letzten Herzkammern gerührt, erzählt Franzi von den Wilden. Ihre Hände markieren Schlangengeringel und Heuschreckenschwärme.

Von den Abermillionen von Fliegenden Fischen flog aus den Weiten des Indischen Ozeans ein einziges Exemplar durchs Bullauge, wurde Sensation und brachte den Bahnhofsplatz von Genua in Aufruhr. Ließ uns auf Augenblicke ganz Afrika vergessen – – – – – – – –

Und heute hängt er als Trophäe des Schwarzen Erdteils im Salon der Franzi zwischen Dante aus Gips und dem Wandbild mit eingebautem Spielwerk. An grauen Abenden ziehen wir das Gemälde auf. Der Schlüssel zur Musikdose ist sinnig zwischen einem aufgemalten Troubadour und einem Ritterfräulein angebracht, die voneinander seit den Tagen der ratenweisen Abzahlung Abschied nehmen.

Wenn die Melodie pinkt, öffnen wir Fenster und Türen. Im Luftzug und Abschiedslied wiegt sich leise der Fliegende Fisch im Vogelkäfig. Und, wie ein verrutschtes Abziehbild, sind wir wieder vom Zauber des Schwarzen Erdteils eingerahmt.

In solch exotischen Nächten vergessen wir den Geruch des alten Roßhaars, das aus den Ritzen des Kanapees duftet und spüren nichts als das Atmen afrikanischer Erde – – –

Nach Südamerika

Mit Auswanderern nach Brasilien

Das Schiff, das ich bei der Ausfahrt im Heimathafen versäumte, mußte in Spanien erreicht werden. So reiste ich mit dem Nachtzug nach Paris, durchlief die Längen der Boulevards, verschnaufte mich an Stellen, wo einst Guillotinen standen, bestieg den Eiffelturm am Morgen und den Schnellzug nach Madrid am Abend – raste durch die Pyrenäen, sah im Baskenlande jene spanischen Dörfer, die ich bisher nur aus Sprichwörtern kannte.

Als ich endlich in La Coruña ankam, fiel ich kraftlos aus dem Abteil...

Der Quai ist schwarz von Abschied besetzt. Baskische Auswanderer stampfen zum letzten Male den verfluchten europäischen Boden.

Auf offener Reede harrt der Dampfer auf die schwere Fracht, von der jetzt jedes Herz tausend Zentner wiegt.

Und wenn reife Männer mitten im prallen Sonnenschein weinen, dann ist ein Schicksal groß geworden und drückt den Brustkorb zusammen.

Bis Buenos Aires ist es weit, und die zehntausend Kilometer Entfernung sollen jetzt schon durch Umarmung und Kuß überwunden werden. Noch einmal wird im Abschied die Körperwärme des anderen verspürt. Sie muß auf Jahre ausreichen – und mißt doch nur 37 Grad Celsius. Aber alle erleben, daß dieser Vorrat viel zu knapp ist – und diese Einsicht macht den Abschied so schwer.

Kisten, Koffer und Körbe fliegen in den Bauch des Schleppers.

Auf der untersten Stufe der Quaimauer, wo das ölige Wasser in die Schuhe springt, reißt sich ein Mann von der Frau los. Er merkt sich noch schnell ein paar Risse auf ihren aufgesprungenen Lippen. Und sie sieht mit einem letzten Blick, daß der Mann beim Rasieren unterm linken Backenknochen eine kleine Stelle vergessen hat... Aber da springt er schon ins Boot und sie kann die Zahl der Bartstoppeln nicht mehr abschätzen – – – Aus diesen winzigen Schönheitsfehlern wird sie einmal tröstende Altäre errichten, an die sie sich klammert, wenn die letzten Vorstellungen verblassen. Und ein gerade noch erschauter Mitesser hilft in Jahren der Trennung mit – das Gesicht des Geliebten wieder aufzubauen.

Mit elfhundert spanischen und zweihundert deutschen Passagieren beladen, zieht das Schiff um das Cap Finisterre in den großen Ozean ein.

Diese Spanier haben nicht viel Ähnlichkeit mit den »Carmen« und »Toreros«, die nur noch auf Maskenbällen und im Finale der Abonnementsoper weiterleben. Sie kommen aus elenden Hütten und Lehmlöchern, wo Mensch und Vieh zusammen schlafen, und wo sogar der trennende Kreidestrich der Schmierentheatergarderoben fehlt.

Nur brockenweise wird der »Luxus« vom Primitiven begriffen. Die Frauen schleichen gruppenweise durch den Rauchsalon und betupfen mit den Fingerspitzen die Sessel. Im Speisesaal werden die vernickelten Bestecke nicht berührt und die Fleischstücke mit den Händen kleingerissen. Lange streicheln sie die blitzenden Zuckerdosen.

Alles ist wie im Märchen, in dem die Familie des Holzfällers die goldenen Stufen zum Thronsessel emporsteigen darf – und der Spucknapf sich in ein samtenes Etui verwandelt. Und wunderbar und seltsam ist selbst noch die heikle Tatsache, daß die Männer etliche Tage lang das Klosett als Waschschüssel benutzen.

Bis zum Abend stehen die Spanier an der Reeling und suchen den Horizont nach jener Stelle ab, wo das letzte Stück der heimatlichen Küste im weiten Ozean versank. Tausend Menschen beginnen zu summen, singen und schreien. Ein wildes Tanzen wirbelt über das Achterdeck. Aus den vernagelten Kisten tauchen Okarinas, Mandolinen, Kastagnetten, Ziehharmonikas und Dudelsackpfeifen hervor und spielen gegeneinander. Melancholie und Raserei platzen zusammen. Stundenlang herrscht monoton eine einzige Melodie vor. Und durch die südliche Nacht rauscht mit zwölf Meilen Geschwindigkeit ein singendes und klingendes Schiff – Rio de Janeiro zu ...

Die Deutschen an Bord haben längst die Schiffsbibliothek entdeckt und sitzen mit Büchern im Arm am Promenadedeck. Sie lesen von dem Land, das kostprobenweise seine Wärme vorauseilend über das Wasser sendet und das sich jeder Passagier in anderen Farben vorstellt. Aber hinter jedem Bild sitzt das Schicksal und wartet.

Unter der Kommandobrücke steigt ein Trio. Drei Berliner singen: »Still ruht der See ...« Sie hoffen und erhoffen, mit Heimatliedern und kräftigen Stimmbändern in einer »Bauernschenke« am Hafenviertel von Buenos Aires Geld zu machen. Sicher wird der Rio de la Plata eine Welle überspringen, wenn er aus den Spreekehlen das schöne Lied »Heut' hab' i wieder all's bei mir, Stiefelwichs' und Wagenschmier' …« in oberbayerischer Mundart hört.

Vor der Schiffswäscherei sitzen in großen Gruppen Deutsche aus abgetrennten Gebieten beisammen. Sie kommen aus Polen, Litauen, Rumänien, Böhmen, Jugoslawien. Ganze Dörfer wandern als ungelernte Arbeiter nach Argentinien aus. Mit der einzigen Hoffnung »schlechter kann es nicht werden« fahren sie ohne Ziel und Aussicht in die Neue Welt hinüber.

Im Schatten des Rettungsbootes 11a sammeln sich die Artisten.

»Det Mädel fährt Rad auf rotierendem Drahtseil … det Mädel is' ne jute Nummer …!« erklärt ein Seiltänzer den Kollegen seine Attraktion. Um ihn herum steht das Programm, das einen Varietéabend füllen würde. Hier schwitzt Kapitän Wall mit seinen 120 Krokodilen. Ihm zu Füßen strickt die Direktorin eines Marionettentheaters eine dicke Wollweste, die von Breitegrad zu Breitegrad wächst und gerade am Äquator fertig wird. Der Mann mit den dressierten Schimpansen liest die Broschüre »Gibt es ein Wiedersehen nach dem Tode …?«, der Bauchredner drückt sich einen Hosenknopf ins Rückgrat und die Besitzerin des Hundetheaters hält sich den Magen wie eine Puderdose.

Um den Feuerhydranten stehen Handwerker aus den Gauen Deutschlands, reiben die Leitung auf und waschen sich gewohnheitsmäßig, wie nach Feierabend, die Hände, während sie auf diesem Schiff ein paradiesisches Ausruhen erleben und die Arbeit weit zurück und noch weiter vor ihnen liegt.

Durch eine Menschengasse wird ein junger Mann mit verdrehtem Gesicht ins Spital zum Arzt abgeführt. Gestern versuchte er, im Wohndeck das Schiff in Brand zu stecken – und heute wollte er ins Wasser springen – nur um zu sehen ob die Sicherheitsmaßregeln auf dem Schiffe klappen. Und zu seiner und unser aller Sicherheit kam er auf Reisedauer in die Isolierzelle.

Wie ein Hypodromgaul rennt ein semmelblonder Jüngling kreisend alle Decks ab. Er trägt schon jetzt einen Trapperhut, und seine Füße stecken bis über die Knie in Schaftstiefeln. Sein Blick schreit nach Wildnis, Camp und Urwald. Augen sehnen sich nach dem ewigen Dunkel verfilzter Lianen, die Lippen beten »Matto grosso …« Er plant: Mit wenigem ersparten Geld kauft er in Brasilien Regierungsland – fast so groß wie die Mark Brandenburg – er rodet, baut Mais, Reis, Zuckerrohr und Kaffee, wird Fazendeiro, reitet mit silbernem Zaumzeug durch sein Land, wird ins arme

Deutschland seinen noch ärmeren Verwandten die Fahrkarten Erster Klasse zur Überfahrt schicken, sie werden weinen wie nach Aktschlüssen – – – und er wird doch in ein bis zwei Jahren zerschunden und verdorben sein, in Häfen umherlungern, wieder zur Plantagensklaverei zurückkehren, zerbröckeln und zerfallen. Aber seine Augen sind dann irr vom Dunkel der Lianenwälder, und die Lippen haben vielleicht nur mehr Kraft zu einem Fluch: »Matto grosso – –«.

Die elfhundert Spanier sind häuslich geworden. Sie spucken sich zielsicher gegenseitig durch die Knopflöcher. Das Promenadedeck gleicht einer südlichen Hafengasse. Hier schläft eine Familie auf umgelegten Kochtöpfen, Nachtgeschirre kollern über die Treppen, von den Stühlen tropft Säuglingsmus und auf den Tischplatten der Bar rutschen Kinder herum, indes die Bordkapelle den Walzer »Ganz allerliebst« spielt.

Seewasser und eine Vielzahl von Besen haben den romantischen Schmutz bald wieder über Bord gespült, jeder Tag wird Paradies und nur von der einzigen Angst beherrscht, daß auch diese Fahrt einmal zu Ende geht.

An Deck lehnt ein Mensch und schaut nach Norden. Er wandert aus Mitteldeutschland aus – und will seine Familie nachkommen lassen, wenn »Drüben« alles gut geht. Er hört die Schrauben nicht und sieht über das Schäumen des Wassers hinaus. »Jetzt drehen sie daheim das Licht an« denkt er und sieht das Muster der Tapete. Acht Uhr zwanzig fährt der Vorortszug am Fenster vorbei, und die Kinder schreiben auf die Schiefertafel die Hausaufgaben. Es ist, als ob Kanarienvögel auf einem Zeitungspapier herumhüpfen. Er hört das Kritzeln durch das Rauschen des Ozeans. Am Küchenkasten fehlt an einer Schublade der Griff – und man muß sie mit den Nägeln öffnen. Auch dieses leichte Kratzen erlebt er und überhört das Trompetensignal zum Abendessen ...

»... ich habe heute Karls Sparbüchse aufgebrochen ... es sind doch wieder eine Mark siebzehn Pfennig ...«

Und weil er das auch mithörte, atmet er auf und sieht mit mehr Ruhe nach Süden, wo es für Hutmacher Arbeit geben soll.

Dort hängt schief das südliche Kreuz an der schwarzen Wand der Nacht, als wollte es jeden Augenblick ins Meer stürzen.

Bald aber erkennen die geübten Augen ringsum silberne Nägel, die nicht wollen, daß es falle.

Und das Schiff zieht der brasilianischen Küste zu – –

Mit Zahnweh in die Bucht von Rio

Seit Stunden läuft im Westen das Land wie ein zotteliger schwarzer Pudel mit.
Urwälder liegen über die Serra do Mar gebreitet, treten bis an den Ozean vor und nehmen Fußbäder. Das Cap Frio wird zum Riesenventilator, der Kühlung über das glühende Schiff bläst.
Zwei Schildkröten, die den Durchmesser unserer heimatlichen Rauchtische haben, schwimmen freventlich an der Küchenseite des Dampfers vorbei und spielen mit dem Schicksal – erster Gang auf der Speisekarte zu werden. Vom Land her fliegen Schmetterlinge und flattern durch den Luftzug im Rauchsalon.
»Heute Nacht fahren wir in die Bucht von Rio de Janeiro ein« brummte der Obersteward – und er sagte es, als würde er die Station auf einer Vorortbahn anmelden.
Die Passagiere werden unruhig wie vor den Türen zu Weihnachtszimmern. Aus den Augen der Reisenden sprühen Funken.
Im Wandschrank des Schreibzimmers steht ein Servierbrett ausgestellt, auf dem der Golf von Rio mit Schmetterlingsflügeln eingelegt ist. Die Tiere scheinen wieder Leben zu bekommen, weil sie in ihre Heimat zurückverfrachtet werden. Der brasilianische Urwald hat einigen hundert Schmetterlingen Leben und Farbe geben müssen – auf daß einmal Frau Meyer ihren Feigenkaffee auf schillerndem Azur servieren kann, wenn Frau Huber zu Besuch kommt und ihr Rezepte für billige Vanilleplätzchen erzählt ... Und wenn man lange auf dies hundertfach beflügelte Brett sieht, kommt das Gefühl auf – als wolle die ganze Bucht auf und davon flattern –.
Die Frau eines Berliner Vertreters ist schon seit Tagen ihrem Manne zum Natron geworden. Sie spricht von Rio wie von einem Abendkleid, das sie von der Schneiderin erwartet – und in das sie nur noch hineinzuschlüpfen braucht. »Hugo, so bedenk' doch, in zwei Stunden in der schönsten Bucht der Welt«, redete sie über den Rücken ihres Mannes, der im Rauchsalon sitzt und gerade ein Solo spielt. Hoch oben hält er die Karten, so daß nur der Ozean und die urbewaldete Küste Brasiliens seine Trümpfe sehen können ...
»... alle Billetts aufs Rathaus ... Gestochen« und er läßt jetzt erst die

Stimme seiner Frau durch sich einsickern ... »Du hast schon einmal gesehen a Wasser – 'nen Berg, ne düstere Nacht und Bogenlampen ... Und wennste die ganzen Klamotten hübsch dekorierst, dann hast de Rio de Janeiro ...«

Zäh und geklemmt ziehen die Stunden durchs Schiff. Und während beim Abendessen »Königsberger Klopse« serviert werden, schreit ein Herr aus Breslau in den Speisesaal »... der Lichterschein von Rio ...!« Und alles stürzt diesem Angelus Silesius aufs Promenadedeck nach, wo die Passagiere zu Hirten werden, die noch mit Salzkartoffeln, gespickter Rinderlende und Hammelrippe zwischen den Zähnen – im Westen den Himmel aufleuchten sehen. Als sammetschwarze Silhouetten heben sich gegen das steigende Bild die Vorberge ab, hinter denen die Bucht versteckt liegt.

»... heißt eigentlich Januarfluß« übersetzt mir ein gründlicher Herr den Namen der Stadt und benützt dazu seinen Zahnstocher als Nagelfeile.

Der Kapitän lädt mich auf die Kommandobrücke ein, um die Einfahrt in die Bucht zu erleben.

Still und bewußt wie Pilger gehen die Worte des Kommandos über die Brücke. Der Kapitän steht steuerbord, gibt die Befehle dem Dritten Offizier, der sie dem Mann am Rad und Kreiselkompaß weitersagt.

»Kurs zwoundsechzig ...« »zwoundsechzig ...« »zwoundsechzig ...« Die ersten Inseln mit Wald bedeckt, tauchen als schwarze Rücken von Riesenfischen aus der mondglasierten Flut. Groteske Fratzen schneiden die Spitzen der Berge in den Sternenhimmel.

Warm haucht die Luft aus der Bucht hervor. Wie aus dem Mund eines Fiebernden geht der Atem dieser Nacht, Leuchtfeuer blinzeln gleich Frauen an Straßenecken. Und die Lichter der Avenida Niemeyer und Leme tauchen ins Wasser.

Neben mir steht das Fräulein aus Stuttgart, das wegen unglücklicher Liebe daheim auf und davon ist. Seit Tagen zittert sie vor Freude auf diese Einfahrt, von der sie erhoffte, daß sie gewaltig und unerhört genug wäre, um peinliche Stunden der Liebe zu verwischen. Aber jetzt hat sie Zahnweh und steht mit einem Kopfbund hilflos inmitten der tropischen Orgie. Der Kapitän holt sie auf die Brücke, um durch verbesserten Standort das Bohren des hintersten Stockzahnes quitt zu machen. Aber nichts half. Hinter der rechten Backe sitzt eine Steppmaschine, die sticht im Akkord. Und der schönste Punkt der Welt ist nicht fähig – diesen

Schmerz vergessen zu lassen. Das Toben geht über die Zahnreihe hinaus, in die Bucht über, und wenn sie nach der elfenbeinweißen Lichterreihe der Avenida sieht, hat sie auch noch drüben an der Küste Zahnweh und ganz Rio leidet an eitriger Wurzelhautentzündung.

»... und da, der Zuckerhut ...!« Sie kann dieses Wort nicht hören, es wird zum Gegenzahn, auf den sie beißt; der Zuckerhut schmilzt zu Sirup und träufelt über den Nerv hin ...

»Am schönsten wär's jetzt auf der trostlosesten Kehrichtabladestelle der Erde – ohne Zahnweh ...« sagt sie und pinselt wieder Jod in den Mund.

Ich gehe nach der Backbordseite, weil die Bucht beginnt – nach dem Sprechzimmer eines Dentisten zu riechen.

Jetzt fährt das Schiff zwischen dem Fort São João und Santa Cruz durch eine Enge von anderthalb Kilometern in einen strahlenden Abend ein. Viele Meilen lang zieht sich der blitzende Strand hin. »Die Kosten dieser alltäglichen Beleuchtung sind so groß, daß eine mittlere deutsche Stadt davon mit allen Einwohnern und Ausgaben herrlich leben könnte ...« erklärt der Erste Ingenieur.

Durch die Nacht fährt langsam ein Stern, fährt die Seilbahn auf die Spitze des Zuckerhutes. Unten ziehen die Barken wie erleuchtete Hochzeitstische zwischen Rio und Nictheroy hin ...

Während ich nach Metaphern suche, um dieses Wunder einzukleiden, steigt aus den Bullaugen der Küche der Geruch von abserviertem Schweinebraten herauf, und der schönste Platz der Erde wirkt nur mehr als Beilage, die um diese Bratenportionen garniert ist. Und seltsam ist, daß die schönsten Dinge dieser Welt in der Umgebung von unpassenden Gerüchen liegen ...

»Maschine stopp ...!« »Kette auf und nieder« gehen die Kommandos. Der Anker rasselt auf den Boden. Das Schiff liegt fest.

»Siebenundzwanzigmal«, sagt der Kapitän, – da ich ihn frage, wie oft er schon hier eingefahren sei.

Ich trete an den Bug des Schiffes und sehe auf die Stadt hinüber, deren Quai erst morgen früh berührt wird.

Immer wieder versuche ich, einen Punkt festzuhalten, mir einzuhämmern, daß ich jetzt eine Gipfelung der Schöpfung erlebe. Aber immer zuckt der Stockzahn des Stuttgarter Fräuleins dazwischen, riecht es nach altem Schweinebraten und Kalbfleisch ohne Knochen – – –

Spaziergänge durch die Tropenstadt

Den ersten Eindruck gab mir diese Stadt, als ich gleich nach meiner Ankunft aus der Trambahn geworfen wurde.
Der Schaffner deutete auf meinen Anzug – und ich sah mit ihm kontrollierend über die frisch gewaschene Tropenhose hinab. Er aber zeigte nach oben – an jene Stelle, wo in Tirol fleischige Balkone hervortreten. Da trug ich einen offenen Kragen, wie ich sie als Muster in Tropenfilmen gesehen hatte. Aber eben der offene Kragen ohne Krawatte gilt in dieser Stadt als hundsordinär und für ein Zeichen niedrigster Klasse, weil er kühl und bequem ist. Ich protestierte durch Gestikulationen, und zwei Neger packten mich und setzten mich aufs Pflaster zurück.

Vornehme Herren promenieren in schwarzen Tuchanzügen, und daneben kochen Matrosen ausländischer Kriegsschiffe auf dem bloßen Asphalt harte Eier.

In der Avenida Rio Branco erfaßt man die Pulsader der flimmernden Stadt. Das Geklingel aus den Lotteriegeschäften setzt sich in die Ohren. Die Konkurrenz arbeitet mit verstärkter Batterie und trillert um so näher den Haupttreffer heran.

Der Luxus blüht in Orchideen. Frauen ziehen wie Schmetterlinge vorbei. Die knalligen Lippen treten einen Schritt aus dem pudergebleichten Antlitz hervor, sind in Herzform gemalt und füllen die Arbeit des Tages aus.

Wir sind im Lande der großen Geduld, alle Eile trägt schon im Beginn eine sanfte Lässigkeit als Keim in sich – und allein dieser Mangel an bewußtem Tempo kann eine Stadt zu einem der schönsten Orte der Welt formen.

Vor einem Kaffee sitzt ein Neger, trinkt im Wert von sieben Pfennig eine Tasse Mokka – und wischt sich den Schweiß ab. Und wenn Neger schwitzen, hat man das Gefühl, Pralinen zergehen in der Hosentasche.

Im brasilianischen Kaffeehaus wird nach dem Ober »gezischt« – und es entstehen Geräusche, als würden moderne Dramatiker bei Premieren ausgepfiffen.

Die Sonne sticht mit Messern herab. Überm Corcovado ziehen Wolken – Und während ich mir überlege, wie ich auf einer Ansichtskarte den Eindruck der schönsten Stadt der Welt stilisieren soll, schüttet der Himmel einen Wolkenbruch nieder. Die Wassermassen dröhnen in der Stärke von Niagarafällen und verwandeln die Straßen in Flüsse. Blitzartig staffeln die Mietautos ihre Taxen proportional zur Regenmenge – und die Chauffeure bleiben gegen alle Zurufe taub.

Diese Regen unterbrechen das Leben der Stadt. Die überschwemmten Trittbretter der Straßenbahnen wären nur mit Paddelbooten zu erreichen. Über der Straße steht ein Jüngling mit der Zeitung unterm Arm – bis zu den Knien im Wasser. Angestellte kommen nicht ins Geschäft, Rendezvous fallen auseinander, jeder Partner erweicht für sich – und das Wasser ist volksliedähnlich »viel zu tief ...«

Die Urgewalt des Botanischen Gartens stimmt fassungslos. Und wenn hier eine Gedenktafel jener Privatdozenten für Botanik aufgestellt wäre, die in dieser Orgie von Wucherung und Trieb verrückt geworden sind, sähe es wie Selbstverständlichkeit aus. Königspalmen stehen Parade und warten auf den Fotografen. Das Heer von niegeahnten tropischen Pflanzen wächst aus dem Boden. Sie fühlen sich nicht unter günstigen Bedingungen »ausgestellt«. Diese Erde ist ihre tiefste Heimat und diese Sonne ihr brütendes Leben. Auch ohne Garten und Gärtner würden sie aus diesem Humus wachsen, und ein brasilianisches Sprichwort sagt – man braucht nur den Finger in den Boden zu stecken, dann wächst er auch an ...

Ich ziehe mit einem Hochseiltänzer durch dies Paradies. Nach rückwärts geht der Garten ohne Grenze in den Urwald über, der vom Corcovado herabsteigt. Der Artist hackt sich für seinen Balancierschirm eine Bambusstange ab – wobei ihm der Aufseher des Parkes noch behilflich ist.

Im Zentrum der Stadt steht ein kurioses Hotel. Die Trambahnen Rios rollen unter diesem Gasthof hindurch, von hier aus strömt der Verkehr über die ganze Bucht hin – und die Gäste finden in ihren übergelagerten Zimmern aus dem Klingeln und Poltern eher die Nummer des wiederkehrenden Wagens – als den Schlaf, für den sie bezahlt haben und der allein zum Umsteigen berechtigt. Das Hotel heißt Avenida und sei allen Mitgliedern des deutschen Antilärmbundes bestens empfohlen.

Gegensätze gehen Arm in Arm. Hier steigt über zwanzig Stock hoch der Wolkenkratzer der Zeitung »A Noite« mitten in den Himmel hinein. Einige Schritte entfernt wohnen Menschen und Ziegen zwischen vier Wänden, dort werden Nägel aufpoliert und neben der Türe liegt ein Leprakranker, der seine Wunden für Almosen zeigt ...

Draußen im Golf wartet drohend eine Serie brasilianischer Kriegsschiffe, und auf den Plätzen der Stadt hüpft das Militär wie Bleisoldaten herum und verleitet zum Spielen auf der Kinderkommode. Dort am Quai springen Rekruten von Baum zu Baum und improvisieren »Schneider, leih' mir deine Scher ...«

Im tänzelnden Saus von siebzig Kilometer rasen die Sanitätsautos mit der Aufschrift »Assistencia publica« und der Rotekreuzflagge durch das Innere der Stadt, fahren auf dem Weg zur Unglücksstätte selbst noch einen Passanten über den Haufen. Und nach dem altgriechischen Sophismus »Achilles und die Schnecke«, würde die Hilfe nie ankommen, weil das Unglück immer einen kleinen Vorsprung hat.

Zwischen Brillanten werden Affen hausiert. Kinoplakate schreien zur Abendvorstellung und der Titel »Die Braut und der Fußball« verschafft sich ausverkaufte Häuser.

»Gebraucht und mißbraucht Maté!« leuchtet eine Lichtreklame an der Avenida und ruft zum Genuß des Nationalgetränkes auf.

Vom Viadukt nach Santa Theresa stürzt sich ein Mädchen aus Liebesgram auf das Pflaster, weil die schönste Stadt der Welt ihrem Herzen zur Hölle wurde.

Die Höhen, Hügel und Berge scheinen nur aufgeworfen zu sein, um ihre Schönheit auch einmal übersehen zu können. Braias, Palmengärten, Marmorpaläste, dampfende Gärten und unendlicher Golf breiten sich aus und machen die Pupillen irrsinnig. Dampfer aller Erdteile fahren aus und ein.

Der Strand von Coba Capana ist ein Jubel des Lichtes. Und wer in diesem Sand läuft, hört ein Singen und Pfeifen. Überweiß, wie Negergebisse, fletschen die Wogen des Atlantik an, fordern auf, sich die Kleider vom Leibe zu reißen, und sich von einer Welle bis zum Schwindelgefühl um die eigene Achse wirbeln zu lassen. Aber die Brasilianer baden heute nicht, weil die Wasserwärme in der kalten Strömung vom Ozean her nur 22 Grad Celsius beträgt.

Von den Hotels her laufen Pudel, die von ihren Besitzerinnen in allen Regenbogenfarben bemalt sind – und auf den Terrassen gibt es Papageien, die reden wie ihre Portiers in acht Sprachen.

Wenn nicht jeder Satz über Brasilien einen Hymnus enthält, zerfetzen die nationalen Männer dieses Landes Buch und Zeitung – im heiligen Zorn.

Aber daß auch hier die Menschen nicht das Glück mit dem Löffel fressen können, zeigt die Unglücksrubrik der heutigen Zeitung. Drei Menschen wurden wegen zehn Milreis ermordet und das ist nach den neuesten Börsenberichten: zwei Mark siebzig Pfennig ...

Was geschieht am schönsten Punkt der Welt ...?

Sie und ich – wir streiten über die Wahl der Schönheitskönigin. Sie finden die Miß Europa enorm – ich denke an billige Toilettenseife. Sie sammeln Briefmarken, Spazierstöcke und Trambahnbilletts – ich sehe dabei nur eine schleichende Geisteskrankheit.

Sie und ich – und die Welt sind nur einig über die Sätze der Logik und Mathematik, die wir alle längst vergessen haben.

Und Sie, ich und die Welt sind einig, daß achthundert Meter über dem Meer der Bucht von Rio de Janeiro der schönste Punkt der Welt zum Erlebnis werden muß – – – «

Und: » – Was geschieht am schönsten Punkt der Welt ...?« Ich dachte: Hier werde ich Männer in ästhetischer Rührung weinen sehen, Frauen schluchzend aufgelöst, daß Schminke und Puder als sinnloser Klebstoff über die Haut laufen. Gesangvereine werden Choräle singen, aufgewühlt gestehen Ehemänner ihre Fehltritte, ein Mörder schreit schönheitstoll seine blutige Tat in die paradiesische Umwelt, und vielleicht stürzt sich ein Kunstmaler mit Pinsel und Palette hinab ins Meer. Sicher erwarte ich, daß ein Millionär hemmungslos seine Brieftasche unter die Besucher dieses Gipfels schleudert und menschheitstrunken sich mit der Geschirrwäscherin des Hotels verlobt – –

Zuerst erlebe ich, daß es am schönsten Punkt der Welt – der Konkurrenz wegen – zwei schönste Punkte gab. Und ich schwebe am Drahtseil zuerst zum »Zuckerhut« empor. Berge und Fahrt sind aus Reiseprospekten ersichtlich, die gratis in jedem besseren Verkehrsbüro zu haben sind. Kolorierte Ansichtskarten kommen für umgerechnete acht Pfennige diesem Naturschauspiel schon näher.

Auf dem Rücken des großen Buckels Urca spielt der Sportverein »Pao d'Assucar« Fußball und treibt auf halber Höhe der Schönheit den Naturgenuß auf den Gipfel. Der Wirt des Hotels dreht das Radio an, »Sonny boy« erhöht die Romantik und begleitet wehklagend die Brandung des Ozeans. Der Oberkellner verteilt die Speisenkarten wie Beichtzettel, absolviert jeden Besucher vom Anblick des Panoramas und stellt ein Dinner mit sechs Gängen als den schönsten aller Genüsse hin. Der Oberkellner am schönsten Punkt der Welt müßte sich strahlend wegen seiner Sonderstellung von allen anderen

Oberkellnern der Erde abheben. Aber er schwitzt, sieht Löcher in die Luft und schimpft über die schlechte Lage des Hotels. Die Gäste vergessen, voll der Herrlichkeiten, die Trinkgelder oder verringern sie auf die Hälfte.

Wo es schön ist – ist es teuer, ertönt eine warnende Stimme und der Tourist wendet sich der Bahia de Cuanabarà zu, deren Anblick unerhört und kostenlos ist.

Hier etliche Stunden auf den weißgedeckten Tischen nur Zahnstocher sein zu dürfen und mit den Spitzen in die Pracht zu schauen, müßte Erfüllung genug bedeuten. Aber die menschliche Kultur strebt rastlos nach oben, der Wirt kam ihrem Bedürfnis nach, und hat zur Vertiefung des Erlebnisses einen »Dancing room« errichtet.

Flugzeuggefühl …! Die Kabine schwebt dem Gipfel des Zuckerhutes zu. Im Sattel zwischen beiden Höhen liegt ein Fetzen Urwald. Und von oben sehe ich in das Gewirr von Lianen, Palmen, Kakteen und Schattenbäume – und bin eine kleine Weile Geier geworden, der über diesem verfilzten Dickicht kreist …

Gartenstühle mit dem Anstrich »Brahma« begrüßen mich auf der Spitze des Berges. Das Wort erschütterte mich mit indischer Religiosität und ich schwieg versunken – bis ich erfuhr, daß »Brahma« der Name jener Bier- und Limonadenfabrik ist, deren Flaschen hier verkauft werden.

Und jetzt: »Blende elf … zweihundertstel Sekunde … Unendlich … Kassettenschieber hoch …!«

»Wenn die Platte nicht unterbelichtet ist, dann hat sich die Reise schon gelohnt …« lispelt eine Touristin aus dem Schweizerland und knipst weiter.

Eine Streu von Filmstreifen verkündet, daß hier auch die Wallfahrer anderer Erdteile ihre seelische Spannung durch hundertstel Sekunden auszulöschen vermochten.

Wände und Planken sind mit dem Adreßbuch der Erde versehen. Gedenknamen gräflicher Familien wechseln mit Revolutionsinschriften. Und zuweilen schwebt ein Mann mit Kübel und Messer auf diese Spitze, um alle Erinnerung wieder abzuwaschen.

Menschen und Namen kommen und gehen. Der schönste Punkt der Welt ruht in sich selbst, ewiger Anbetung gewiß … Unten erwachen ruckweise die zweihunderttausend Lichter der Aveniden. Die Bucht wird zum Juwelierladen des Kosmos. Der Sternenhimmel ist ins Gewirr der Straßen von Rio gefallen …

Die Kabine schwebt wieder auf halbe Höhe ins Hotel hinab. Auf dem Dach sitzt in schwindelnder Stellung der Monteur der Bahn und liest Zeitung. Und während um ihn die Welt zum jubelnden Hochaltar aufleuchtet, erfährt er aus dem Blatt, daß dem Konsul von Chile auf der Rio Branca die Brieftasche gestohlen wurde – und er freut sich darüber mehr – als über diese Pracht.

Auf der Veranda des Hotels lagern ein Liebespaar und sieben Katzen.

Die zwei Menschen werden sich jetzt einen Schwur fürs Leben um die Hüften drücken, eine Flasche Sekt in die Schwüle knallen lassen und am schönsten Punkt der Welt auch die wuchtigste Stunde des Lebens erfühlen – denke ich. Und sehe beim Nähertreten, daß sie ihm den gewissen Hosenträger flickt und er ihr das Geld für die Trambahn nachrechnet ...

Am anderen Tag fahre ich auf Zahnrad der Spitze des Corcovados zu, dem Konkurrenten des Zuckerhutes. Er ist um dreihundert Meter höher – und seine Größe verpflichtet zum Wahn, auch den Superlativ der Schönheit zu übertrumpfen. Still und stetig streiten die beiden Berge, wie Schiller und Goethe in Oberlehrerbiographien, um den Gipfel ihrer Herrlichkeit.

Kaffee brennt zum Himmel ...!

Während der Einfahrt in den Hafen von Santos steigen am Himmel Wolken von Rauch auf. Es sieht aus, als ob eine Großstadt an allen Ecken und Enden brennen würde.

Die Luft riecht nach Feuerwehr ...

Der Oberkoch kommt aus den Kühlräumen und ruft mir zu ...

»die brennen wieder Kaffee ...!«

»Wieso ...?« frage ich zurück.

»... Wieso ...?«

»So oft wir hier ankommen, läßt die Regierung Millionen Sack Bohnen in Rauch aufgehen ... damit sich der Preis hält –«

Und während der Koch in seiner Kabine verschwindet, sehe ich nachdenklich in die aufsteigenden Brandwolken. Und meine Gedanken gehen nach rückwärts, über den Ozean – in die Heimat. Die Hafeneinfahrt versinkt, und ich bin in einer kleinen Stadt. Für Augenblicke vergesse ich, daß ich auf dem Boden eines Schiffes stehe, daß ein Freund am Quai von Santos wartet. Ja, ich spüre sogar das Katzenkopfpflaster des Heimatortes durch die Sohlen der Stiefel ...

In der unteren Sakristeigasse steigt aus dem Kellergitter des Kolonialwarengeschäftes Alois Borngräber sel. Erben jeden Freitag Nachmittag zwischen vier und sechs Uhr ein kleiner und kostenloser Genuß.

Hausfrauen schlendern auf Riechweite die Länge des Ladens ab – und spreizen die Nasenflügel. Unten wird ein Sack Kaffee »Echt Santos« frisch geröstet ... Und wenn er oben viertelpfundweise verkauft wird, dringt Wärme und Duft noch durch die Türe und teilt sich in den Markttaschen dem Büschel Suppengrün, der Erbswurst und dem Hasenragout mit.

»... ist wieder um zehn Pfennig teurer geworden ...« höre ich deutlich »... aber, wenn man die Hälfte Malz nimmt, dann wird die Tasse billiger« – »... und wir trinken nur sonntags Bohnenkaffee ...«

Eine Tüte ist gerissen, einige Bohnen fallen aufs nasse Pflaster. Und die Frau, die nur sonntags Kaffee kochen kann, geht der lädierten Tüte wie im Märchen nach – und kann jetzt auch noch am Montag eine Tasse »Echt Santos« trinken ...

Ich schnelle wieder in die Wirklichkeit zurück:

Aus dem Dampf des Morgens heben Frachtdampfer aus fünf Erdteilen ihre Masten und Schlote. Endlos, wie Alleen, strecken sich die Lagerschuppen. Unter den Dächern ziehen sich die Eisengerüste des laufenden Bandes hin, auf dem Sack um Sack auf die Schiffe rollt und den Kaffeeträgern das tägliche Brot – Brocken um Brocken – wegnimmt – – – Wir legen am Quai an.

Ich versuche zu errechnen, wieviel pro Stunde, Tag und Jahr – – aber wenn der Freund wartet, tritt aller Kaffee zurück und die Säcke rollen in die leere Luft. Schuppen, Krane und laufendes Band sinken zu billiger Umrahmung herab, in deren Mitte das Gesicht des Schulfreundes ersehnt wird. Die Bänke des gemeinsamen Klassenzimmers schwimmen nach. Im Tintenfaß sitzt noch das krampfhaft verhaltene Lachen der Geographiestunde, in der Südamerika leinwandaufgezogen über dem Spucknapf hing. Und wo der Professor bei allen Städtenamen auf »tsch« mit der Zunge anstieß ...

Eine Sekunde lang wird der Studienrat von mir auf die Kommandobrücke gedacht, er muß »Beludschistan« über den Hafen von Santos sprechen, damit diese Stunde wieder handgreiflich werden kann. Und der Sprachfehler überschlägt nach rückwärts fünfzehn Jahre. Wenn ich seinen Namen in dieser Umwelt rufe, klingt es, als würde ein verirrter Maßkrug gegen die Quaimauer dieser Exotik geschwemmt, wobei man im Klappern des Zinndeckels noch ein Heimweh heraushört.

»... wieviel Kilo enthält ein Sack Kaffee ...?« ist meine zweite Frage, weil Hitze und Wiedersehen mein Gehirn unter Überdruck setzen.

»... fünfzehn Jahre – und das ist viel ...« antwortet der Freund aus der gleichen Betäubung heraus.

»... so daß es ein Mann gerade noch tragen kann ...« rede ich an ihm vorbei, auf die Säcke zu.

Karren mit zwei ... vier ... und fünf Maultieren bespannt, hopsen mühsam Berge von Bohnen vor die Schuppen. Am Markt werden Bananen abgeladen, und das Stück kostet kaum einen Pfennig. Um den Platz liegen die abgefallenen Früchte zahllos, wie im deutschen Herbst das Laub, als nutzloser Abfall herum.

Ich halte sinnlos einen kleinen Zettel in der Hand, den mir jemand bei der Ankunft zwischen die Finger drückte. »... die Gepäckträger geben hier Visitenkarten ab ...« klärte mich der Freund auf.

Am Eingang eines Speisehauses erscheint ein vornehmer Herr, schreit ins Lokal – und verschwindet wieder. »... ist wieder eine Revolution ausgebrochen ... ?« fahre ich erregt in die Höhe.

»... der läuft von Haus zu Haus und schreit den Namen einer neuen Zigarettenmarke aus ...!« Über diese Umgehung des Inseratenweges puste ich vor mich hin ... »Lach' nicht so laut ... ich gefährde sonst meine Stellung ...!« korrigierte mich der Freund. Hier schädigt man seinen guten Ruf, wenn man in Lokalen und auf der Straße schallend hinauslacht ... Wir sind in Südamerika, und die Geographiestunde war doch schöner ...!

Das Essen ist kalt und ranzig. Ich will Krach schlagen ...

»Um Gottes Willen, nur keinen Wortwechsel oder gar Beleidigungen ...! Der Wirt schießt sofort ...!«

Beim Zahlen hebt der Ober die Schürze hoch, und ich sehe den langen Nickellauf eines Revolvers herunterhängen ... »Der ist ja auch bewaffnet ...!« – »... und schießt auch mit, wenn er gekränkt wird – –!« Das wäre eine Welt für meine Freundin Franzi, die mit den Absätzen auf die Marmorplatten trommelt und dem Wirt das Geschirr an den Kopf wirft – –!

Über dem Innern der Stadt thront der Mont Serrat. »Vor einigen Jahren rutschte ein Stück ab und verschüttete viele Menschen. Und die wohlerzogenen Bürger von Santos sagten – weil die Mädchen begannen, ärmellose Kleider zu tragen, geschah dies Unglück ...!« erzählte mir der Freund. Mitten im Gedränge der Gassen steht die größte und mächtigste Kaffeebörse Südamerikas.

»... heute wurden wieder hunderttausend Sack in Brand gesteckt ...« hörte ich neben mir hersagen. Aber der Freund wird durch das Bild der kleinen Stadt zur Seite geschoben, das jetzt wieder vor mir lebendig ist – –

»... wieder um zehn Pfennig teurer geworden« murmelt die Frau über dem Kellergitter aus sechstausend Seemeilen Entfernung, sieht den Kaffee brennen und schreit wie ein Tier auf. Brüllt in den Dampf und Qualm, um einige Pfund zu retten ... hier eine Handvoll und dort noch eine Handvoll ... und für die Nachbarin, die einen kranken Mann hat, noch schnell in die Schürze einen kleinen Vorrat ...!

Arbeiter müssen ihr wieder die Bohnen aus der Hand krallen, weil das Beginnen der Frau nicht im Sinne der Zerstörung liegt. Der Kaffee soll Preis bekommen und nicht durch Verschenken wertlos werden.

Die Frau hat nicht für eine einzige Tasse Bohnen zurückhalten können, schnellt von meiner Seite wieder an ihren Platz über dem Kellergitter von Alois Borngräber sel. Erben nach Europa zurück. Und muß bis Sonntag warten, ehe sie eine Tasse Bohnenkaffee trinken kann.

Aus ihrem Provinzblatt tröstet sie durch einen Leitartikel ein Volkswirtschaftler mit dem Hinweis auf die inneren Notwendigkeiten der Nationalökonomie – sie hört zu lesen auf, weil sie das Wort »Nationalökonomie« für ein neues Ersatzmittel hält, das die einzige Tasse Kaffee der Woche strecken und verwässern will – – – –

Der Freund packt mich am Arm – und rüttelt mich nach Santos zurück. Indes über dem Hafen die Sirenen der Dampfer heulen und hunderttausend Sack brennende Kaffeebohnen ihre Rauchschwaden in den Himmel aufwerfen.

Und die Stadt liegt wie unter einer Sünde wider den heiligen Geist im glühenden Mittag.

Zum tropischen Gasthof

Wenn in einer brodelnden und überheizten Waschküche einen Tag lang die Türe geschlossen bleibt, entsteht jene dampfig dicke Luft, die uns in Bewohner eines Aquariums verwandelt.

Meine erste Fahrt in die brasilianische Wildnis beginnt ...!

Schon stundenlang wird die Maschine mit einer Stichflamme erwärmt. Sie faucht, knurrt, zittert und stinkt. Und fällt wieder in den Schlaf des Landes zurück ... Die Kolben stampfen wie alte Gäule, und das Boot biegt in die Windungen der Mangrovensümpfe ein.

Springende Fische punktieren die weite Stille.

Schwitzen allein gibt keine Unterhaltung. Und so beginnt ein Johlen und Schreien. Die Stimmen der Urwälder haben in den Kehlen der Passagiere eine zweite Heimat gefunden.

Eine Flasche Zuckerrohrschnaps steigt wie ein Komet aus einer Hosentasche und kreist in der Runde. Die Passagiere heben das Gift zum Steuerrad empor und necken den Kapitän.

Vom Ufer herüber schreit ein Papagei, und am Heck weht die brasilianische Flagge. Zuerst hielt ich sie für die Reklamefahne einer Salatölfabrik, aber jetzt, da sie umrahmt von Landschaft flattert, wird sie Symbol des weiten, großen Landes. Das Grün deutet die ewigen Wälder, gelb ist nichts als Sonne, blau wird zum Azur der Küste, und die Sterne sind Schweißtropfen oder zweiundzwanzig Staaten.

Aus der Schnapswolke erhebt sich der Besoffenste unter den Negern und trommelt grinsend mit den Fingern eine »Machiche« an die Fensterscheibe.

Der Kapitän des Schiffes zischt vom Steuerrad weg dem Trommler an die Gurgel. Sogleich bilden sich zwei feindliche Lager. Und eine tropische Balgerei hebt an. Fäuste sausen durch die Luft, Passagiere brüllen wie Schlachtvieh, am Boden rollen Männer wie auslaufende Fässer ... Und schon zucken die ersten Messer auf – – – Alles verfolgt die blitzenden Spitzen ... Das Boot treibt quer zur Strömung und schaukelt im Rhythmus des Kampfes.

Plötzlich patscht es über die Brüstung des Schiffes ... Weiber kreischen, Kinder heulen Rotz und Wasser – der Neger versinkt lautlos ... Einen Augenblick ist allen der Mund wie mit Knebeln verstopft ... nur der Motor pulsiert in die panische Stille ...

Überm Wasser schwimmt der Strohhut ... Einige Luftblasen steigen in die Höhe ... Die Passagiere schwanken zwischen Genugtuung und Mitleid ... Jemand schreit nach dem Rettungsring ... aber der hängt dreißig Kilometer entfernt am Bootsschuppen und sonnt sich ...

Jetzt erst sickert in die Gehirne: »ein Mensch ist ertrunken ...« Weil er an das Fenster trommelte ...? Weil er Schnaps trank ... Weil er rücklings über Bord gestoßen wurde ...?

Das Weib des toten Negers krallt die Finger ins Gekräusel der Haare.

Ihre Kinder kugeln am Boden ... Passagiere legen der Witwe

Mangofrüchte in den Schoß ... Als Ersatz für den Verlust des Mannes, dessen strohener Hut auf Befehl des Kapitäns an Bord gerettet wird.

Einer Mulattin ist der Unterrock ins Getriebe des Motors geraten. Tränen, die noch unterwegs sind, werden von den Wangen aufgehalten ... Die Gesichter spannen sich in wildem Gelächter. Alle freuen sich über diese Gelegenheit zum Herausplatzen. Der Abstand vom ertrunkenen Neger bis zum Unterrock der Mulattin wird durch Lachen größer ...

Und mit den Messern, die vor zwei Zigarettenlängen gegeneinander zuckten, werden jetzt gemeinsam die Fetzen des Rockes aus dem Getriebe geschnitten.

Die Negerwitwe atmet erleichtert auf, weil sie erleben darf, daß auch die Mulattin vom Unglück verfolgt wird, und eine Stimmung hebt an, als ob nichts geschehen wäre – – – –

Durch eine Biegung ist die Landschaft verwandelt. Blauschwarz steigen die Berge auf, der Kanal fließt durch engende Hügel in das Rauschen des Ozeans über. Im groß ausgeholten Bogen haben wir wieder das Wogen des Atlantik erreicht. Wälder gehen mit ihren behüteten Geheimnissen bis zum Meere nieder und lassen einen steinwurfbreiten Strand zwischen Welle und Dickicht frei ... Hütten aus Schilf, Lehm und Palmblättern tauchen aus der Dämmerung, die nur die Dauer eines Fünfminutenbrenners besitzt.

Unter regenschirmweiten Hüten lehnen Gauchos vor den Türen und saugen Maté. Einmal im Jahr kommt in diese Weltverlassenheit ein Pfarrer und segnet nachträglich die Hochzeiten, Kindstaufen und Verstorbenen von zwölf Monaten ein.

Am Ende des »Dorfes«, ist zwischen Undurchdringlichkeit und Ozean – das Wunder eines Gasthofes gebaut. Der Wirt steht in Hose und Hemd barfuß vor seinem Urwaldhotel. Und lächelt seit einem Vierteljahr zum erstenmal wieder einladend.

Kerzen erwachen im Innern des Hauses, eine Negerin schürt den Herd, über den Tisch schneit ein weißes Tuch, und schon duften aus der Küche Fische, die vielleicht während der Fahrt neben unserem Boot heranschwammen und nach Zigarettenstummeln schnappten.

Mitten in der Wildnis fließt Flaschenbier, und der Wirt stammt aus Berlin. Sein Vater ist in der deutschen Hauptstadt als Soldat auf der Siegessäule abgebildet. Der Wirt war vierzehn Jahre alt, als die Familie nach Brasilien auswanderte. Die erste Zeit war der Vater Schlangenfänger und verdiente sich mit diesem Beruf den Lebensunterhalt. Er wurde gebissen, die Hand mußte abgenommen werden – und der

Sohn erinnerte sich noch stärker an jene Hand, die fehlt – als an die, welche weiter verdienen mußte. Mit Schulden erbaute er diesen Gasthof, in dem zuweilen Landvermesser, durchreisende Kaufleute und einige deutsche Familien aus Sao Paulo übernachten.

Hinterm Haus brütet schwer und dicht, endlos und ewig unberührt, eine schwarze Masse.

So sitzen wir im Eßzimmer, im Rücken einen Wald voll Schönheit und Mord – indes der Blick nach vorne über einen Berg servierter Früchte ins Wogen des Ozeans geht.

Die Rede springt wie Heuschrecken zwischen den zwei Erdteilen hin und her. Unser Wirt erzählt im Hauptsatz von Giftschlangen und erkundigt sich im Nebensatz nach dem Verkehr am Potsdamer Platz. »Was kostet – « fragen er und ich gleichzeitig »eine Quadratmeile dieses Waldes und ein Knabenanzug in einem Kaufhaus des Berliner Westens ...?« Und die Preise halten sich ungefähr und zufällig auf gleicher Höhe.

Käfer, so groß wie Kanarienvögel, und Nachtschmetterlinge, die im flatternden Wind fächeln, fliegen um die Öllampe. Im Halbdunkel der Zimmerwände krabbeln Eidechsen empor. Draußen vor der Tür spricht der Papagei des Hauses deutsch und portugiesisch durcheinander.

Dazu schlägt eine Schwarzwälder Kuckucksuhr Stunde um Stunde in die exotisch schwer belastete Nacht.

Der Wirt erzählt noch die Geschichte von jenem Kreuzer, der während des Krieges in dieser Bucht einen Walfisch torpedierte – in der Meinung, ein Unterseeboot vor sich zu haben.

Und dann bringt die Negerin drei Kerzen für die drei Zimmer des Hotels.

Stück für Stück schieben wir die Bettgestelle durch die Fenster ins Freie und schlagen die Lager knapp hinter jener Stelle auf, wo die letzte Welle im Sande vergeht.

»Wenn ich auf der Straß'n schlafen␣tät ...« beginnt der romantische Gesang eines oberbayerischen Dichters ...

Aber in noch ungeahnterer Szenerie wird mein Wunsch in dieser Nacht Erfüllung ... Vier Bettladen liegen wie Seelöwen nebeneinander auf dem Sande. Auf der Herzseite braust der Ozean, nahe der Blinddarmgegend dampft der schwarze brasilianische Wald. Hinten schreien von der Serra her Affen – und über uns blitzen durchs Moskitonetz die hochkaratigen Sterne der Nacht.

Ich habe nur ein paar Sprünge zu machen, um vom Bett aus in das Meer zu tauchen, nur den Kopf zu drehen, um an diesem Wald das

Vorbild aller verrückten Träume zu sehen – und nur die Augen zu öffnen, damit die kochendheiße Milchstraße mich mit Ewigkeitsgefühl überschwemmt – – – Und weil es auf der Welt keine Vollendung gibt, träumte ich in dieser göttlichen Nacht, daß ich auf der Plattform einer Trambahn stehe und in der Westentasche nach meinem Umsteigebillett suche. Der Schaffner riecht nach aufgewärmtem Sauerkraut.

Der Morgen funkelt. Seetiere krabbeln zwischen den Bettladen herum. Der Papagei unseres Wirtes hat einen Ausflug in seine nahe Heimat unternommen – und sein Herr schimpft im Dialekt von Berlin-N zu den Bambussträuchern empor.

Fischer schlachten seit einer Stunde an einer Riesenschildkröte herum – und in der Pfanne noch zuckt das Muskelfleisch.

Kaffee aus Santos riecht aus der Küche – und während wir die Koffer packen, bellt der Hund unter den Kasten. Wir rücken das Möbel von der Wand – der Wirt holt eine Stange und fängt eine Korallenschlange vom Schauplatz weg.

Das Motorboot pfeift wie ein Lehrling. Der Wirt sieht uns lange an – um sich vom Anblick an Gästen für ein Jahr Vorrat abzuschauen.

Als Junggeselle in Südamerika

Seit Tagen wohne ich bei meinem Freund, der schon an die zehn Jahre in Brasilien lebt. Sein Leben, das er mir brockenweise erzählt, baue ich vor mir auf – – –

Der Junggeselle torkelt jeden Morgen aus der eisernen Bettstelle in den tropischen Tag. Er hat schon die Nacht gebadet und geschwommen – im eigenen Schweiß.

Überm Spiegel blühen Papierrosen, der Großvater der Hausfrau schwitzt eingerahmt an der Wand. Über dem Goldrahmen steckt ein Fächer. Aber Großvater und Zimmerherr können seine Kühle nicht erleben, weil der Fächer mit Nägeln an die Wand geschlagen ist.

Das Waschwasser mißt 32 Grad Celsius, im Trinkglas schwimmen Käfer – und die Monatsmiete beträgt einhundertfünfzig Milreis.

Die Hausfrau kann das Waschwasser nicht wechseln, weil sie bis Mittag schläft. Und der deutsche Junggeselle aus Schöneberg, Würzburg oder Essen an der Ruhr, zieht sich in den weißen Tropenanzug, der schon nach Stunden zum nassen Badetrikot wird – und wie angefeuchtete Briefmarken klebt.

Hinterm Spiegel hat der Zimmerherr einen »Kratzer«. An einem Holzstab ist eine kleine Hand aus Ebenholz befestigt – und damit kratzt er sich auf Vorrat den Rücken nach Moskitostichen ab.
Er ist Korrespondent bei einer Exportfirma und verdient im Monat fünfhundert Milreis. Gutes Essen in internationalen Restaurants kostet zehn Milreis. Er verschlingt mittags und abends schwarze Bohnen, bis sie im Magen Wurzel schlagen und als junge Stauden zum Hals herauswachsen.
Am Sonntag schläft und schwitzt er länger. Das möblierte Zimmer frißt sich wie ein Sprichwort auf Holzbrandtafeln in sein Gehirn. Er erlebt in Ruhe und Beschaulichkeit, daß seine Bude eine Insektensammlung ist, in der die Tiere unaufgespießt herumlaufen. Er will ausziehen, hat aber in diesem Jahre schon elf Umzüge hinter sich – – –
Der Sonntagnachmittag gähnt wohlerzogen mit vorgehaltener Hand. Die ersten Monate unternahm er Ausflüge in die ungebürstete Natur. In der Sonne hört er sein eigenes Fett brodeln, im Schatten der Wälder gibt es keine Minute ausruhender Besinnung. Geschwader von fliegenden Ameisen rücken an, Spinnen – mit und ohne Gift – fallen ins Halbdunkel, und aus dem Boden steigt Moder und Fäulnis. – Die Pracht des Urwaldes geht in Pestilenz und Grauen über, die Natur wird Pein und Plage ...
Und der deutsche Junggeselle stützt sich mit den nächtlich verstochenen Ellenbogen aufs Fensterbrett, sieht gegenüber auch einen Junggesellen ans Fensterbrett gelehnt. Die Straße ist leer und langweilig wie glattrasierte Gesichter. Das rasselnde Mineralwasserfuhrwerk wird schon Sensation. Eine Trambahn klingelt, ein Wanzenstich juckt ... und der Sonntag ist jubelnder Aufschrei brütender Langweile.
Der Junggeselle besinnt sich auf eine brasilianische Familie, bei der er einmal eingeführt wurde. Aber dort hat er schon zweimal Besuch gemacht und mit der Tochter vierhändig Klavier gespielt. Ein dritter Besuch ist gefährlich. Der Vater würde ein Glas Sekt ergreifen und auf die glückliche Verlobung anstoßen. Die Tochter ist frenetisch hübsch und ausschweifend dumm.
Der junge Mann am Fensterbrett widersteht beiden Verführungen und denkt an das spanische Tippfräulein im Büro. Schon hüpft er in seine Lackstiefel, klatscht vor ihrer Wohnung in die Hände und im Fenster erscheint der Bruder: »Ja, wir kommen mit ...!«
Der Bruder, die Tante, Mutter, das Kindermädchen, sind immer Mittelpunkte, wenn zwei Liebende mit der Zahnradbahn nach Boa

Vista ausfliegen wollen. Auch zum Milchholen über die Straße nimmt das anständige Mädchen schützend die Freundin mit.

Dreimal Bahn, drei Tassen Kaffee, drei Flaschen Soda und drei Gebäck – machen elf Milreis. Ohne Bruder wäre es billiger und herrlicher gewesen. Und von allen Unkosten bringt er nichts als einen Sonnenstich und den leicht versteckten Händedruck mit in sein möbliertes Zimmer zurück. Händedrücke spanischer Tippfräuleins sind schön – aber für elf Milreis zu teuer ...

Am Abend warten die Clubs. Der deutsche Junggeselle ist Angestellter, gehört nicht zu den Erfolgreichen, besitzt weder Smoking noch großes Ansehen, sucht den deutschen Verein auf, trinkt Bier und singt Heimatlieder. Wenn der Abend zu Ende geht, ist die Nacht nicht vorüber.

In die Kinos verpackt, dampfen die Menschen durch die zehn Akte eines Liebesdramas.

Ein Opernbillett ist Luxus, aus den blinzelnden Häusern des Hafens plärrt Grammophon, Mord und Totschlag – und aus den Fenstern sieht die Lues heraus.

Der Junggeselle trinkt an einer Straßenecke eine Flasche Bier, spielt mit den Zahnstochern und geht als abnehmender Mond nach – Hause.

Der Tropensonntag ist wie eine Fliege an der Wand totgeschlagen. Und die kommende Woche fährt als Güterzug vorausahnend durchs möblierte Zimmer – und will beladen werden.

Er streut Pulver ins Bett, läuft mit der Insektenspritze Diagonalen im Zimmer aus und erringt kurz vor dem Morgengrauen noch einige Fetzen Schlaf ...

Draußen liegt eine frischgebratene Woche. Aber dann kommt wieder der Zauber eines Sonntags – mit dem zarten spanischen Händedruck für elf Milreis und einem Bruder als Stacheldraht – – –

Gestern sagte mir der Jungeselle, daß er einen entsetzlichen Schwur getan hat: Er will heiraten – – –

Im brasilianischen Urwald

Wie gezeichnete Augenbrauen wölben sich schwarz die Höhen. Noch erinnern die Straßen an Europa und ziehen sich als asphaltierter Scheitel durch bergige Wälder.

Der Kühler kocht über und spritzt eine heiße Brause in den Wagen. Vor Erregung steigt der Blutdruck des Motors über vierhundert und die Reifen stehen kurz vor dem Hitzschlag.

Ein letztes Mal zeigt sich der große Atlantik wie ein Rückendekolleté, und jetzt wird an einer Biegung die grüne Gardine vorgezogen – und für Wochen ist alle Bläue zugedeckt und abserviert.

An den Kurven warten Männer mit Blechkannen und füllen Quellwasser gegen Trinkgeld nach. Im Straßengraben hocken Neger und klopfen Steine.

Der Chauffeur, dessen brauner Nacken an Schokoladeosterhasen erinnert, lacht bis in den letzten Sitz zurück: – er hat soeben eine Klapperschlange entzweigefahren ...

Die Erde wird rot, geht in Purpur über und taucht in Scharlach ein. Und einen Tag lang fahren wir auf der Farbe der Kardinäle.

Faziendas lachen aus grünem Gewoge. Pferde und Menschen werden zum Vorhof von Zivilisation. In der Sonne kauert eine Ortschaft. Staub liegt wie ein Moskitonetz über der Gemeinde.

Die Straße wird zum Fragezeichen. Eine Kurve beißt sich in den eigenen Leib. Und hier wurde einer der seltsamsten Autounfälle Ereignis: Der Chauffeur erzählt:

»Zwei Wagen stießen in blitzender Fahrt zusammen. Der Sechssitzer flog auf das Dach eines Siedlerhauses, brach bis zur Stube durch, fiel über das Bett, in dem der Großvater lag – und sich von zwei Rippenbrüchen ausheilen wollte, die er vor drei Wochen erlitt, als ein Auto durch seine Haustüre rannte. Aus den Trümmern des Wagens wurde er mit einer Reihe schwerer Verletzungen hervorgezogen. Jetzt sitzt er wieder vor seiner Türe. Und wenn er aus der Ferne ein Auto nahen hört, rennt er wie ein verscheuchter Puma in den Verhau des Waldes – und versteckt sich im Gitter der Luftwurzeln, bis die letzte Staubwolke sich beruhigt wieder über die Straße legt ...«

Im fegenden Tempo frißt unser Wagen stückweise den Westen auf. Das Innere des großen grünen Landes läßt Weite und Abenteuer ahnen. Und die Straßen werden Gebirge in den Bergen, reißen metertiefe Löcher auf, sind Erdrutsch und Kraterrand, drücken das Tempo auf zehn Kilometer herab und brechen Genicke.

Und das Inferno der Chauffeure beginnt.

Die Wildnis hat ihr Monogramm auf jeden Quadratmeter Land eingestickt. Die Straße ist sich selbst zum großen Gelächter geworden. Sie krümmt und biegt sich vor Gekicher. Der Wagen lacht mit und springt wie ein hüpfender Ball in die Höhe.

Wie die eignen Herzschläge wird der nächste Stoß erwartet. Hinterköpfe werden gegen die Stangen des Verdecks geschleudert, der Wagen fährt von früh bis nachts im Lift und stundenlang sind die Arme schlagdämpfend wie vor einem drohenden Revolver »Hände hoch« gehalten.

Europäische Chauffeure würden sich weigern – auch nur einen Schritt weiter zu fahren. Durch ihr Bewußtsein müßten Achsen- und Knochenbrüche wie Wetterleuchten zucken. Aber der Brasilianer schaukelt seinen Wagen Stunde um Stunde tiefer ins Innere. Diese Straßen zogen durch seine Kindheit, gingen in den Blutkreislauf seiner Gewöhnung über, sind zum Zickzack seines Lebens geworden – und führen wie alle Dinge ans Ende und Ziel.

Urwaldriesen wachsen über dem Weg zusammen – und das Auto fährt im Schritt durch grüne, dämmrige Kathedralen, die mit Briketts überheizt sind – –

Plötzlich zittern die Blätter.

Trommelwind fällt in die Dächer aus Laub.

Tropfen stürzen, Bäche fließen vom Himmel ...

Alle Umwelt füllt sich mit tosendem Wasser.

Blitze leuchten durch Lichtungen. Vögel schreien auf.

Die Wildnis wird zum Tonfilm, den ein Orkan gedreht hat. Eine brennende Roca erlischt im Dampf.

Der Himmel ist nichts als eine schlecht geputzte Schiefertafel.

Und der Weg verfällt in Agonie. Löst sich schäumend wie Natron auf.

Versinkt in sich selbst – –

Der Wagen schlägt gegen den ausgerissenen Wurzelstock eines Schattenbaumes ...

Der Chauffeur dreht sich eine Zigarette. Einschlagender Regen löscht sie wieder aus.

Aber Tropengewitter sind kurz und heftig wie Frauen. Nebel ziehen ... Und die Sonne brennt durch den Dampf. Die Räder sind plötzlich versunken wie ein altes Lied ... Sind versunken wie der Leser einer Romanbeilage in die letzten Kapitel ...

Eine Stunde vergeht ... Die Männer sind ausgestiegen und bis über die Knie in Schlamm gegraben.

Und erreichen den Wagen nicht, der drei Meter entfernt in den Verhau des Gestrüppes gestürzt ist.

Die Frauen werfen das Seil und ziehen die Männer ans Auto heran ...

Ein Ochsenfuhrwerk schleicht an. Der Chauffeur verhandelt. Und der Fuhrmann erpreßt, fordert hundert Milreis – um den Wagen aus dem Lehm zu ziehen.

Acht Tiere stampfen, schnauben – und am Abend erreichen wir freies Land.

In acht Tagen zahlten wir an die tausend Milreis für rettende Ochsengespanne. Und erreichen eine Fazienda mit allen Pannen, die möglich sind.

Auf zwei Fordwagen, die zusammen mit fünfzig Pfennig in der Bilanz standen, fahren wir weiter ins Innere.

Die Ledersitze schienen frisch aus einem Stierkampf zu kommen. Stahlsprungfedern drückten ins Rückgrat.

Der Chauffeur wurde zum Artisten und leistete die Arbeit einer Glanznummer am ersten Varieté.

Eine Karawane von Ochsengespannen wurde Ereignis. Treiber zu Pferd ritten die Kolonne ab. Eine Familie reiste mit Zimmereinrichtung, Hausrat, Kindern und Hunden ins Seebad. Sechs Tage sind sie schon unterwegs. Und die Frau lacht optimistisch: »… und jetzt nur mehr sieben Tage …« – Vierzehn Tage lang reisen sie zum Quieksen der Achsen. Wenn die Räder nicht pfeifen, zieht kein Ochse an. Wunder der Wildnis …!

Am letzten Tag kommt uns eine Truthahnherde entgegen. Ein Karren fährt voraus und läßt Maiskörner fallen.

Und wochenlang torkelt die Herde nach – bis zum nächsten Markt.

In den Betten der ›Vende‹ schlafen wir auf Zeitungspapier und im Kerzenlicht. Zwischen verkrampften Kakteen rosten die beiden Wagen und gehen wertlos in die Wildnis über.

Über unserem Schlaf und den sterbenden Autos tutet ein Aasgeier …

Am nächsten Morgen schnitze ich mir einen Stock und gehe allein der schwarzen Wand entgegen, die sich hinter den letzten Zuckerrohrfeldern auftürmt.

Und bald stehe ich allein dem »Urwald« gegenüber. Alles ist ausgefüllt mit wucherndem, treibenden Grün. Stämme, Zweige, Luftwurzeln, Bambusrohr und abgefallene Palmstengel sind ineinander verschoppt. Dazwischen sind Kakteen und Disteln als Drahtverhau geworfen. Alles ist wie die Panik während eines Theaterbrandes. Die Ausgänge sind versperrt, verrammelt. Ins Gedränge stürzt schweigende Angst. Baum kämpft gegen Baum. Auf dem Weg zum Licht umklammern sie den hölzernen Leib des Nebenmannes, trinken und saugen ihn aus.

Mit letzter aufgesparter Kraft erreicht die Krone einer Königspalme das goldene Licht, ihre Blätter haben das umklammernde Dickicht durchstoßen, sie sieht die Sonne – und mit dem Sieg in der Krone kracht sie morsch zusammen. Der Stamm wurde erdrosselt – während sie mit dem Kopf ins Helle stieß.

In dem Wirbel der stummen Schlacht hängen die Heere von Lianen wie ausgerissene Haare. Jede Liane gleicht einer Gardinenschnur, die zum Ziehen verleitet – auf daß sich irgendwo der Vorhang zur befreienden Lichtung hebt.

Eine Stunde, drei Stunden, kämpfe ich mich durch Gestrüpp an dieser Mauer entlang, die nicht einen Meter tief Einlaß gewährt. Dann biegt eine Straße, ein Weg, ein mit Messern geschlagener Pfad ins Ungewisse ein. Ich taste auf umgeschlagenen Stämmen vorwärts, aus denen wieder ein neuer Wald hervorkriecht. Der Boden ist tief unter den Stämmen – und schon kein Boden mehr. Sumpf, Morast, Schlamm und Regenteiche sind einziger Untergrund.

Plötzlich erhebt sich leicht gelichtet ein übergrünter Hügel.

Das Aufragende wird zu Steinmauern, aus denen irgendwo die Ahnung von Tor und Fenstern bricht.

Vor vierhundert Jahren hatten hier die Jesuiten als erste Missionare mitten in der Wildnis eine Kirche gebaut ... Und an der Wand klebt noch, wie ein Vogelnest – die Kanzel, Schicht um Schicht mit Pflanzen überwuchert.

Hier wurde einst das Evangelium Johannes aufgeschlagen. Und ein Prediger rief über seine Gemeinde hin: »... und das Wort war bei Gott – und Gott war das Wort ...!« Und der Schall drang in die Ohren, durch Fenster – in das Wunderbare dieser Wildnis hinaus.

Im Fluge hörten Paradiesvögel: »... alle Dinge sind durch das Wort gemacht und ohne das Wort ist nichts gemacht, was gemacht ist ...«

Und tief noch durch den Aufruhr von Grauen sickert es wie die Gnade des Regens: »... Wer von der Erde ist, der redet von der Erde. Der vom Himmel kommt, der ist über Alle ...«

Prediger und Gemeinde verließen den Wald. Und Blumen, Sträucher, Moose, Palmen und Dornen zogen in die Kirche ein. Setzten sich in die Betstühle, erkletterten die Orgel. Hochaltar und Kanzel durchstießen vor Fülle und Überfülle das Gebälk des Daches. Es krachte zusammen – und der tropische Himmel ist weite und höchste Kuppel geworden.

In den Fensternischen sitzen jetzt noch Blüten – als würden sie auf einen neuen Prediger warten. Und Schmetterlinge fliegen auf und nieder, als wollten sie den Kopf oder die segnende Hand eines Säulenheiligen suchen, der längst in andere Wälder ausgewandert ist – – –

Weit im Kreise ist Mord. In der Stille krachen Stämme, Tiere kreischen auf, Todesschreie verwandeln das Paradies in ein Schlachthaus. Und nur die Kanzel ragt stumm über den Mord hin und wartet auf das Wort des Predigers: »... und von seiner Fülle haben wir alle genommen, Gnade um Gnade ...«

Aus dem Boden, durch den Filz der Wände zieht ureigener Duft. Aus Blüten, schießendem Saft, Dürre, Blumen, Fäulnis und Früchten entstehen Schwaden, die schwindlig machen wie Hände eines Hypnotiseurs. Das Parfüm des Urwaldes lockt wie die Müdigkeit in Eis und Schnee. Die Düfte verführen zum Hindämmern und ewigen Einschlafen.

»Blumen und Gräser gehen wie eine Schülerklasse zur Kirche. In den vordersten Bänken sitzen Orchideen ...« kann ich noch denken.

Und ich schnelle in das Brüten der Wirklichkeit zurück. Vom Träumen in den Traum ...!

Es gibt in dieser kochenden Orgie keine Besinnung darüber, – ob das Erwachen nicht der Anfang eines anderen Schlafes ist ...

Rund um die Erde

Panama und Pazifik

Über Westindien geht die Fahrt.
Fünf Tage Karibisches Meer – und wir liegen am Eingang zum großen Kanal.
Schwer hängen die Wolken als dampfende Nationalflaggen über dem Land. Und die Panamawolken drücken wie schwere Träume.
Seltsame Vögel umkreisen das Schiff und lassen sich gleich stürzenden Flugzeugen mit abgestellten Schwingen ins Meer fallen. Ihre Schnäbel sind Kleiderhaken und ziehen nach jedem Sturz einen bronzierten Fisch hervor.
Hafen und Stadt kommen in Sicht. Krane, Kohlenberge, Paläste der Verwaltung und eine Welt aus Zement und Eisen kündigen die Nähe des Kanals. Menschenarbeit ist abgeschafft. Man hört nur Hebel, Klingelzeichen, Motore und Maschinen. Panamaneger vollführen Handgriffe, Dampf und Elektrizität arbeiten.
Und die Doppelstadt Christobal-Colon gehört in ihrem Gegensatz zu den komischsten Orten der Erde. Mit zwanzig Schritten kommt man ohne Grenzmarkierung, Paß und Zoll von Zivilisation in die Wirbel einer zentralamerikanischen Kaschemmenstadt.
In Christobal herrscht neue Sachlichkeit aus Beton, Verkehrstürmen, Tankstellen, rasiertem Rasen und Langeweile. In den Tea rooms mit Moskitogittern liegt in den Klubsesseln das Gähnen der stillen Verdauung. Um die Hitze abzuleiten, sind die Wände mit Schneelandschaften und Schlittenpartien bemalt. Der süße Kitsch geht in den Geschmack von Himbeergefrorenem über. Die Stühle wachsen als gebogene Metallröhren aus der Tischplatte und sind ohne Füße. Und man besteigt sie wie Maulesel. Der Barneger dreht aus der Wand Eiswasser und Zitronenlimonaden, und die Serviermädchen haben das Sixpence-Lächeln als Gummistempel ins Gesicht gedrückt. Der Gast soll vergessen, daß rund um die Stadt noch immer der dicke Wald mit Sümpfen und Fieber aufgebaut steht.
Jenseits der Straße verändert sich die Welt wie auf einer Drehbühne. Die Hafenromantik einer Tropenstadt wuchert aus allen Ecken und Winkeln. Japaner und Chinesen haben in diese papageifarbige Welt ihre Holzhütten mit vertrackten Treppenhäusern und Giebeln gesetzt. Die Gassen bestehen aus offenen Schnapsbuden, in

denen bis zur Decke hinauf die Wände mit Fuselflaschen tapeziert sind. Alles ist unter Alkohol gesetzt, und die Luft ist nichts als Zukkerrohrschnaps. Zwischen Kulis und verrußten Heizern drängen sich in Paillettenkleidern die Mädchen der Freude. Auf ihren Lippen lagert ein Eßlöffel voll Schminke und ihre Augen sind, wie Todesanzeigen, schwarz mit Tusche umrandet.

In der Atlantico-Bar ist eine halbe Kompanie Marinesoldaten eingezogen. Um Mitternacht fallen sie wie überreife Früchte von den Barstühlen. Der Likör läuft ihnen bei den Ohren heraus, und auf ihre tätowierten Männerbrüste klopfen die Dollarmädchen die Asche ihrer Zigaretten ab.

Schutzleute gehen zu vieren – mit Holzschlegeln bewaffnet, als gälte es jede Minute einen Ochsen zu erschlagen. In den Seitengassen singen Mulatten im Schein von Pechfackeln heilige Lieder, während – nur durch einen wehenden Vorhang getrennt – die tropischen Laster in möblierten Höhlen brüten ...

... Wir fahren zwischen grünen Ufern, bis die ersten Hebeschleusen nahen. Weit ausgeschlagene Plätze sind mit Beton belegt. Die mächtigsten Ozeanriesen werden durch einfließendes Wasser in den Docks aufs Niveau des Hochlandes gehoben und schleusenweise wieder auf den Meeresspiegel des Pazifik gesenkt. Dazwischen liegen weite Strecken, die einer Binnenseefahrt ähneln. Palmenbespickte Inseln schwimmen an, Bergwände heben sich zu beiden Seiten empor – und wieder nähern sich die Schleusenanlagen mit Lokomobilen, die das Schiff zwischen Mauern und Zement ziehen. Immer löst die tiefe Wildnis einen Fetzen kurzgeschnittenen Rasen ab, der inmitten der Verlassenheit an die Zivilisation erinnert. Neben undurchdringlichem Dickicht liegen wie falsch gesetzte Lettern die Tennisplätze der Kanalingenieure – und wer in dieser höllischen Heißluft noch einem fliegenden Ball nachrennt, hat die Sünden fürs Leben abgebüßt ...

In Hemdärmeln und Tropenhelm marschiert der Lotse kontrollierend auf der Kommandobrücke auf und ab. Links und rechts der Fahrt stehen kilometerweise Baggermaschinen und Buden mit der Aufschrift »Dynamit«.

Jetzt flitzt ein Luxusdampfer hart an uns vorüber – so nahe, daß die Brillanten an den Fingern der Gefrierfleischmillionäre geschätzt werden könnten. Im Hinterteil des Schiffes ist ein weites Schwimmbad mit stockwerkhohen Sprungbrettern eingebaut. Das Bassin ist himmelblau emailliert, und Sonnenschirme sind wie Geranien um seine Ausmaße gesetzt. Die Passagiere haben als Toilette nur Badeanzüge gewählt. Girls stehen bis zum Nabel im Wasser und schlürfen gleichzeitig Eiscreme in sich hinein. Mokkamaschinen dampfen auf den Tischen, die Bordkapelle schluchzt Floridasentimentalität – und zur selben Minute steigt auf unserem Frachtschiff ein Kohlenschipper aus dem Kesselraum empor. Er kommt aus einer Höllenhitze von 58 Grad Celsius, füllt sich eine Kanne mit fragwürdigem Trinkwasser, gießt zwei Liter Typhus in sich hinein – während das semmelblonde Girl auf dem Luxusdampfer den Rest ihrer Eiscreme ihrer Freundin ins Gesicht bläst – – –

Das Erlebnis des Kanals ist ein Paradestück im Programm des Weltreisenden. Und doch möchte ich mein Leben lang lieber in einer Wohnküche sitzen, am Balkon die Spatzen füttern und die Kühle des Brunnenstrahles fühlen – als nur ein Jahr Strafurlaub in der Höllenfurche von Panama zu erleiden – – –

Ein Aufatmen geht durch das Schiff, da im Westen die Weite des pazifischen Ozeans sichtbar wird.

Da kommt mir bei dem Worte »Pazifik« eine Erinnerung aus den Tagen des Jungseins in den Sinn.

Auf dem Schreibtisch meines Onkels stand ein Globus, der war so groß wie ein Wasserkopf.

Der Vergleich paßt, denn ich konnte ihn so drehen, daß ich von einer Seite her nur Wasser sah. Und in die blaue Färbung waren die Buchstaben gedruckt: »Großer oder Stiller Ozean«.

Fliegen krabbelten über diese »Größe und Stille« von Amerika nach China hinüber und rieben sich auf dem Äquator die Hinterbeine. Und das Dienstmädchen polierte das Weltmeer mit dem Staublappen und fuhr in einem Zug von Panama nach Australien ...

Den Weg des Staublappens fahren wir jetzt auf unserem Frachtschiff. Die letzten Spuren der Galapagosinseln versinken im Osten.

Die wenigen Passagiere zählen die Tage wie Zuchthäusler. »... noch zwanzig Tage bis Tahiti ...« gähnt ein Kolonialgendarm und stirbt jeden Abend aufs neue an Langeweile.

Immer durchreisen wir den gleichen Ozean – und doch ist kein Tag dem andern gleich.

Am Mittag zerschneidet der Kiel gekräuseltes Wasser und am Abend fahren wir über eine maserierte Marmorplatte.

Und das Gewölk über uns ...! Ballen aus blendendem Weiß schieben sich in die Höhe, formen sich zu Tieren und Menschen, gruppieren sich zu Phantasien der Weltgeschichte.

Vor jeder Dämmerung geht die Sonne wie eine Weltdame mit einem anderen Abendkleid unter.

Eines Tages treibt an Steuerbord eine Schiffsplanke vorüber. Und ein Stück Holz gibt für Stunden zu denken. Es schwimmt vielleicht schon viele Jahre – und ein Mensch in tiefster Not kann sein letzter Begleiter gewesen sein.

Da wir Dynamit geladen haben, werden immer wieder Feueralarme veranstaltet. Mannschaften und Passagiere hängen sich die Schwimmwesten um – und stellen sich auf Deck vor den Booten auf. Der Kapitän läßt einen kleinen Berg Putzwolle aufschichten, um den Feuerlöschapparat in Betrieb zu zeigen. Aber er wagt nicht, die Wolle anzuzünden, auf daß die Probe nicht zur schaurigen Wirklichkeit auswächst. Im Vollgefühl von Spiel und Sicherheit werden Witze ausgetauscht. Und in einer Stunde der Gefahr würden die Lacher panikartig auf den Bäuchen der Spaßmacher trampeln. Das nächste Land und Schiff ist tausende von Seemeilen von unserem Kasten entfernt – und monatelang könnten wir ohne Rettung herumschaukeln. In diesen Breiten wäre die Sonne furchtbar wie das Wasser. Und wer in der Hast den Tropenhelm vergißt, geht in wenigen Stunden trotz Boot, Proviant und Wasser an den tödlichen Strahlen zugrunde.

Jeden Morgen ist eine neue Unendlichkeit rund um das Schiff gelegt. Wir schwimmen im Gefühl, daß der Pazifik sein Ende selbst verschlungen hat. Das Wort »Land« gibt nur mehr die verblassende Vorstellung eines Traumes.

Am Heck werfen die Heizer an langen Leinen Haken mit Köder aus. Am fünften Tage beißt ein Fisch an. Und als wollte er sich für die bisher nicht gefangenen Genossen opfern – wiegt er entschädigend achtzig Pfund. Jetzt hängt er unterm Sonnensegel und seine Braut durchzieht sehnsüchtig die weiten Räume des Meeres. Vielleicht hatten sie unter 120° w. L. und 9° s. Br. ein Rendezvous vereinbart. Sie wartet in einer Tiefe von zweitausend Meter und der Geliebte kann leider nicht kommen, weil er bereits als zweiter Gang mit Bratkartoffeln serviert wird ...

Und von Panama bis Australien fahren wir 56 Tage immer in dem gleichen Wasser, das hält, was sein Name verspricht: Es ist groß und still. »Taifune ausgenommen ...!« bemerkte der Koch und klopft ein kräftiges »Unberufen« mit dem Tranchiermesser auf die Ladeluke.

Der zwanzigste Tag mit dem ersten Land liegt noch weit im Westen. Immer geht der Kurs der untergehenden Sonne nach und immer wieder ist die Treppe zu den Kammern mit Kehricht bestreut. Und noch während des Tages müssen jene Stellen mit Bananenschalen, zerlutschten Babyschnullern und Orangenkernen auswendig gelernt werden, damit die Stiege bei Nacht ohne Beinbrüche zu besteigen ist ...

Und jetzt stenographiere ich einen Tag im Pazifik – im Diktat der großen Einsamkeit:

Im Augenblick, da ich mit dem Kopfe an die Sprungfedern des Oberbettes anstoße, erwache ich im Unterbett 17 B. Vor der Kabinentüre unterhalten sich zwei Madagaskar-Neger über einen Taschenspiegel.

Durchs Bullauge schaut der ewig bleierne Himmel. Die Kaffeemaschine surrt wie eine Hummel in der Zündholzschachtel. Auf meinem Kopfkissen liegen als erster Anblick zwei zerdrückte Kakerlaken – in der Größe eines Dreimarkstückes.

Aus dem Kohlenraum singen die arabischen Schipper Verse aus dem Koran. Der Obersteward spielt auf einem zigarrenkistchenkleinen Kinderklavier die »Washington Post«. Und der Kapitän macht seine Runde ...

Ein Boy aus Sansibar schwingt die Mittagsglocke wie ein Bügeleisen. Und zwischen sechs propellergroßen Ventilatoren rücken sechs Gänge vor unserer Appetitlosigkeit an.

Der diensttuende Steward schnarcht noch immer vor den Kabinen. Sieben Katzen schleichen über die fieberheißen Decks.

Der Fünfuhrtee besteht aus vier Flaschen Limonade.

Und wenn es nach Kartoffelsuppe riecht, ist es Abend.

Offiziere werfen ihre brennenden Zigaretten neben die Ladeluke mit der Dynamitfracht ...

Und mit Sprengstoffgedanken schlafe ich ein – – – Und fühle mich im Halbschlaf an eine Zündschnur geknüpft, die mit der brennenden Offizierszigarette, mit Dynamit und Stillem Ozean verbunden ist – – –

In der Nebenkabine unterhalten sich zwei Kaufleute über Schiffskatastrophen. Ich klebe mir die Ohren mit aufgesparten Weihnachtskerzen zu. Und warte auf den Knall – – – Und ich wünschte nichts – als der Staublappen jenes Dienstmädchens sein zu dürfen, der so weich und schnell von Panama bis Australien über den heimatlichen Globus hinfuhr – – und den Großen Ozean – aus dem Handgelenk heraus – durchquerte.

»... noch sechs Tage ... ich halt's nicht mehr aus ...« sagt mir am anderen Morgen der Gendarm mit der tödlichen Langeweile, nahm eine Schachtel Schlafpulver aus dem Koffer – und ging damit ins Bett ... Und schlief – bis der erste Fetzen Land am zwanzigsten Tage durch sein Bullauge sah – – –

Die erste Südseeinsel

Unser Kapitän war nicht der poetische Seemann, wie er in Balladen vorkommt.
Er haßte das Meer und nannte es »Rindvieh«. Und sehnte sich, mitten im Zauber des Ozeans, nach den tiefsten Tiefen eines Bergwerkes, aus dessen Schacht er in zehn Minuten zu seiner Dreizimmerwohnung auffahren könnte.

»Morgen früh kommt Land ...« sagte er, löste mit der Zungenspitze den Kaugummi von den oberen Schneidezähnen ab und spuckte ihn durch die Wunder der Tropennacht.

Die Passagiere zogen aus den Koffern ihre Spezialkarten für »Ozeanien« und suchten nach dem angekündigten Flecken Erde. Auf dem Papier war es nur ein I-Punkt und daneben stand »Puca-Puca« ... Und im Anblick dieser Insel sollte mir zum erstenmal im Leben die große Sehnsucht »Südsee« Ereignis werden – – –

Der historische Morgen kam. Um sieben Uhr war noch kein Passagier von seiner Sehnsucht auf Deck getrieben worden. Als ich mich die Hühnertreppe emporzog, war das Promenadedeck nur von Wasserkübeln, Schrobbern und Putzlumpen bevölkert.

In der Ferne tauchte grünes Land auf ...! Puca-Puca ...! Die kleine Insel glich einem Gedankenstrich, der als Balken über dem Wasser schwamm und kaum darüber hinausragte. Jetzt kamen auch die übrigen Passagiere mit Ferngläsern und Fotoapparaten an. In ihren Augen lag als Schleier noch der nicht erlebte Schlaf der Nacht. Und als gleichzeitig in den Anblick der Südseeinsel das Glockenzeichen zum ersten Frühstück fiel – kam eine verschämte Unruhe in die Gemüter.

»... und man kann's ja auch vom Speisesaal aus sehen ...!« ertönte kleinlaut eine Stimme, die den inneren Kampf zugunsten von englischem Roastbeef, Schinken mit Ei und Pfannkuchen entschied. Viele hatten die gleichen befreienden Worte auf der Zunge gehabt – aber wer sie aussprach lief Gefahr, im Ansehen zwischen Held und Trottel gewertet zu werden.

»Puca-Puca ist das Schulbeispiel einer Koralleninsel, die zur Gruppe der Tuamotu-Inseln gehört« ... erläuterte eine forschungsreisende Dame, deren Inneres von Geographie voll war. Das Eiland hatte die Größe einer kleinen Stadt, schwamm wie ein Teller mit weißem Rand im übersonnten Blau des Ozeans. Kokospalmen und Bananen bedeckten es. Jetzt waren die Riffe der Korallen mit freiem Auge sichtbar ... Und so lange liefen im grellen Sand junge Tiger entlang, bis sie ein Fernglas zu räudigen Hunden entlarvte. Aus dem Südseegrün traten zwei braune Menschen, die nur eine Badehose aus Palmfasern trugen. Einer winkte mit einem roten Fetzen und unser Kasten erwiderte den Puca-Puca-Gruß mit Sirenengeheul ... Von der Kommandobrücke aus übersah man die Insel. Im Innern lag ein See, lag ein smaragdgrünes Auge, das zum Himmel sah ... Und die Farbe des Ozeans verhielt sich zum Schimmer des Inselsees wie ein schielendes Auge zum gesunden ...

Jetzt standen alle Einwohner der Insel am Strand. Vier Männer und zwei Frauen ... Viermal im Jahr kommt ein alter Frachtdampfer von den Gesellschaftsinseln und holt die Ernte ab. Und kerbt diesen sechs Menschen die Jahreszeiten in die paradiesische Zeitlosigkeit. Sechs Menschen leben – nackt an Zivilisation – eingerahmt zwischen Meer, Sonne und Himmel ...! Herabfallende Kokosnüsse ersetzen das Ticken eines Regulators. Früchte, Fische und Langusten sind Frühstück, Mittagstisch und Abendessen.

»... hier möcht' ich ewig leben ...!« schreit Franzi. Seit Jahren hat sie sich ihre Sehnsüchte mit allen Inselgefühlen van Zantens tapeziert. Schon immer lag auf ihrem Nachtkästchen die Südsee kartoniert.

»– – – und wo ich doch so für Langusten schwärme ...! In Europa kosten sie pro Stück sechs Mark – und hier laufen sie frei herum, sind so groß wie Dackel und kosten nichts ...« erläuterte sie ihre Romantik und errechnete, was sie aus dieser Rückkehr zur Natur im Monat sparen könnte.

Inzwischen waren die letzten Passagiere vom Speisesaal auf Deck gekommen. Sie wischten sich die Marmelade aus den Mundwinkeln und versuchten, ihre Begeisterung zu formulieren.

Alle wollten sie auf dieser Insel leben – und doch änderte niemand seine Fahrt. Und schon wegen eines Passagieres hätte der Kapitän stoppen lassen und den Fahrgast auf diese Gefilde der Seligkeiten ausgebootet. Um wirkliche Erfüllung drängten nur die Wünsche nach Whisky Soda und dem Nachservieren des Mokkaeises.

Ein gütiges Schicksal legt den Traum vom höchsten Glück als Wirklichkeit zu Füßen – und der Mensch läßt sich daran vorbeischaukeln ...! »... wesentlich ist der Weg und nicht das Ziel« versuchte ich zu meditieren.

Meine Freundin zückte ihre Kamera. Um das göttlich hehre Paradies menschlich näher zu bringen, wählte sie als Vordergrund die geflickten Unterhosen, die von der Mannschaft am Vorschiff zum Trocknen aufgehängt waren.

In zehn Minuten hatte unser Dampfer die Nordseite der Insel passiert und bald war der grüne Strich im Osten versunken. Die Frauen stickten wieder Blüten und Staubgefäße auf ihre Sofakissen, die Männer spielten Karten, und die Kinder und Grammophone schmetterten ihre Morgenlieder über den Stillen Ozean ...

Und das Erlebnis der ersten Südseeinsel lag noch unverdaut in mir. Es stimmte mich nicht – wie eine Sonate – heiter bewegt.

Und im kühlen Norden, wenn die Reise und der Vorschuß wie ein Sonntagskuchen zu Ende gegangen sind, werde ich wieder in meinem Hinterzimmer sitzen, und das Erlebte liegt weit ab am Ende der Welt. Vor meinem Fenster steigt wieder die Mauer einer Garage empor, im Hofe stehen die Kehrichttonnen ohne Deckel in der Sonne; ihr wöchentlicher Inhalt steigt als Geruch zu mir herauf, vor dem Parterrefenster trocknet die Frau Loichinger ihren Abspüllappen – und ich soll über den Zauber der Südsee schreiben ...! Ich sehe zurück. Wo die Insel lag, ist der Horizont mit einem Lineal gezogen.

Wir fahren in die engere Heimat der Taifune. Und wenn ein Aufruhr über die Insel fegt, sind Palmen, Hunde und sechs Menschen wie mit einem Federstrich vorn Dasein abgesetzt – und die Insel Puca-Puca existiert nur mehr als der I-Punkt auf den Spezialkarten von Ozeanien. Dafür erheben sich neue Eilande frischgeboren aus den Wasser.

»In diesen Breiten wachsen und fallen die Inseln wie Regentropfen ...« Diesen Satz werde ich mir als Stichwort in mein Notizbuch schreiben. Aber zuerst muß ich mir die Türe zum Eisraum aufsperren lassen – und jetzt – zwischen gefrorenem Mastochsenfleisch weicht die Höllenhitze aus dem Bewußtsein. Und ich kritzle einen kleinen Gedankenfetzen von der ersten Südseeinsel aufs Papier ...

Das Paradies der Welt

An einem Dienstagmorgen landeten wir an der »Perle der Südsee« oder »im Paradies von Ozeanien«.

Meine Reisebegleiterin hatte von Tahiti schon aus Kabarettliedern und Grammophonplatten gehört. Sie lauschte jetzt in der Hauptstadt Papete auf die bekannten Melodien. Aber wir hörten nur das Klingeln von Fahrradglocken. Die Radfahrerplage kam auf dieser Insel der Moskitoqual zuvor und vermittelte den ersten starken Eindruck.

Vier Tage sah es nach einem hundertprozentigen Taifun aus. Er war jedoch schon vor drei Wochen aufgetreten.

Wir suchten nach den Eingeborenen. Aber die schliefen bis abends in ihren Hütten und kletterten nicht einmal nach Kokosnüssen auf die Palmen, wie es Film und Ansichtskarten zeigen.

Sie sind zu faul, und die Nüsse fallen von selbst mit ihrem Dreikilogewicht aus zehn Meter Höhe von den Bäumen. Und wenn sie einen naturfreudigen Reisenden auf den Kopf treffen, so können sich die Hinterbliebenen um die Auszahlung der Rückfahrkarte streiten. Er ist ein Opfer jenes Sprichwortes geworden, welches besagt, daß man nicht ungestraft unter Palmen wandeln soll – – –

»... die Eingeborenen sind zu regelmäßiger Arbeit nicht zu gebrauchen«... steht in einem Buch zu lesen. Und dieser Satz sitzt inmitten der Wahrheit wie in einem Klubsessel. Von achtundzwanzigtausend Hektar Land sind nur zweitausend bebaut. Und die Herrlichkeit der Natur gehört zum Superlativ der Erde. Und verdankt ihre unberührte Pracht der Faulheit ihrer Bewohner.

Das Schwarz der Lavahänge ist Seitenkulisse, urwaldbedeckte Täler markieren Hintergründe, stürzende Bäche sind Einfälle eines Bühnendekorateurs und Bambushütten, taifungeknickte Palmstämme und die Kanus der Eingeborenen sind nichts als Versatzstücke – zu dem Welttheater und Schaustück, das sich Tahiti zu eigenem Gefallen inszeniert hat ...

In den Bächen, die aus dem Innern strahlenförmig in die Buchten herabfließen, fischen die Inselfrauen. Sie stehen nur bis zu den Waden im Wasser und treiben mit Stecken die Fische in ihre Netze. Und so wenig Arbeit fällt in diesem Paradies schon auf. Das tägliche Brot wächst wild und braucht nicht erst gepflanzt und kultiviert zu werden. Langusten laufen am Strand herum.

Ich erinnere mich eines Satzes, den ich in einem Südseeroman gelesen hatte und der also hieß: »... und auf diesen Inseln lebten sie das paradiesische Leben ohne Geld ...« Heute leben auf Tahiti noch ein halbes Hundert Naturphilosophen, die in deutscher Übertragung auch »Kohlrabiapostel« genannt werden. Sie kamen aus Europa mit einer letzten Barschaft, der vorschriftsmäßigen Rückfahrkarte und nötiger Naturverbundenheit an, bauten sich im Innern des Landes Hütten aus Lehm, Bambus und Palmzweigen – und leben dort als verwilderte und vollbärtige »Lilien des Feldes«. Und sie säen nicht und sie ernten nicht, sondern schnorren am Busen der Natur. Es gibt weder Gebot noch Verbot, die Behörden sind phlegmatisch und kümmern sich nicht um die Narren in ihrem Höhlendasein.

Einsiedler, die ihr entsagendes Wesen nur mehr als halbe Portion besitzen, ergeben sich in der Hafenstadt dem Laster eines kleinen Nebenberufes. Da die Insel an der Weltverkehrsstraße Sidney–San Francisco–Panama liegt, wirft der Ozean manchen Landsmann in den Hafen, der vielleicht Tropenkoller genug besitzt – um einige Whiskyrunden auszugeben. Und so vegetieren diese Südseelilien auf der schönsten Insel der Welt – ein Leben ohne Geld. Als Kurtaxe schwitzen sie täglich über einen Liter, führen Kriege gegen Ungeziefer und nehmen gegen Tropenkrankheiten eine fatalistische Haltung ein – – –

Und der Tourist lebt auf Tahiti von einem Minimum, das er in anderen Ländern für Trinkgeld ausgibt. Er trägt als Nationalkostüm Tihareblumen im Haar, läuft in Hemd und Hose herum – und ißt in den Chinesenküchen für dreißig Pfennig. Vor einigen Jahren kam ein Tscheche mit vierzig Mark Bargeld an – und heute ist er Hotelbesitzer und schaukelt gesichert auf den Wellen des amerikanischen Fremdenverkehrs.

Tahiti hat nur eine lange Straße. Sie führt rund um die Insel, ist pockennarbig und doch der schönste Weg. Das Auto fährt sie in einem Tag aus.

Feste Preise besitzen keinen tierischen Ernst. Und die Tahitaner lassen sich das blaue vom Himmel herunterhandeln. Ein Straßenhändler bot eine Perle für eine Million an ... und nach zehn Schritten sank er in seinem Angebot auf einen halben Dollar herab. Die Perle wurde dadurch nicht echt – aber dieser Handel war doch voll heimlicher Naivität.

In der Amerikabar saß ich drei Minuten – und schon stand unbestellt eine Flasche Sekt am Tisch. Der »Herr von nebenan« sandte sie als Geschenk der Gastfreundschaft. Der feine Mann war eingewanderter Schweizer und hatte auf Tahiti die Prinzessin aus dem letzten Königsgeschlecht der Pomare geheiratet. Er handelt mit Götzen aus Holz und Stein und fühlt sich als Prinzgemahl.

Am anderen Tag waren wir in seiner Villa am Strand eingeladen. Die Türen des Hauses bestanden aus wehenden Schleiern und die Seeluft zog durch die Räume. Was Frankreich einst als Entschädigung dem tahitianischen Herrscherhauses sandte, lag als bronzierte Kronleuchter, Tafelaufsätze und Gipsfiguren am Boden herum.

Die braune Prinzessin war die schönste Frau, die ich auf der Insel entdeckte. Sie erzählte von ihrem Geschlecht, und der Gemahl sprach von seiner Kundschaft aus Hollywood.

Halbnackte Insulanerinnen servierten und ließen die Gänge vom Baum auf den Tisch fallen. Vier Gläser Whiskysoda verstärkten das Wunder der Natur, erhoben die Romantik ins Quadrat ... Und der Tag war träumend schön: Er kostete keinen Pfennig – – –

Und es ist ein Gesetz des Reisens: Interessant ist, was wenig kostet. Schönheiten, die gratis abgegeben werden, machen wahnsinnig. Und schlecht schläft man in Zimmern, die zu teuer sind, und Menüs bleiben im Magen liegen, wenn ihr Preis die persönliche Wirtschaftslage übersteigt.

Und nach manchen Tagen bröckelt auch der Wunsch: »... hier möchte ich immer leben!« merklich ab. Zwar ist die Menschenfresserei seit fünfzig Jahren ausgerottet, Fieber sind selten, und die Allerweltskrise drang noch nicht in diese Lehmhütten ein.

Aber, was hier die Natur mit der rechten Hand zum Paradies erschafft, schlägt sie mit der Linken wieder zu Boden. Es gibt keinen Augenblick ruhigen Verweilens. Und ein Wanderer, der sich für Stunden der Beschaulichkeit auf einem Baumstumpf niederlassen wollte, könnte sich nur als Skelett wieder erheben ... Ameisen, Moskiten, Asseln, Spinnen, Tausendfüßler und handgroße Krebse sorgen auch hier dafür, daß ein Paradies zur Hölle werden kann. Eine Stechmücke trägt die Elephantiasis wie ein Briefträger aus.

Die Prinzessin Pomare lud uns ein, noch einige Wochen bei ihr zu bleiben. Aber am Quai wartet der Dampfer, und die Südsee hat noch viele Inseln, die mit Kleingeld betreten werden können.

Unter den Menschenfressern

Um sechs Uhr früh riecht es in der Kabine wieder einmal nach Land. Durchs Bullauge kam der Duft von moorigen Wäldern und Fäulnis.

Draußen lag die Insel Efate der Neuen Hebriden. »... die Hölle der Welt«, sagte der Zahlmeister und verschluckte eine Chinintablette. »... Auf diesen Inseln gedeihen am besten Fieber und Kokosnüsse, die zur Hälfte von den Ratten gefressen werden«, setzte er hinzu.

Die wenigen Weißen kamen an Bord. Sie sahen wie Leichen aus

und hatten die roten Augenlider von Kaninchen. Der Wachtmeister besaß den Schüttelfrost und über achthundert Mark Monatsgehalt, den er und seine Familie durch Tropenkrankheiten abverdienen mußten.

Ein englischer Pflanzer stürzte in die Bar und goß mit affenartiger Geschwindigkeit fünf Gläser Eisbier in seinen ausgedörrten Leib. Und der Wachtmeister erzählt von ihm, daß er heute Nacht auf dem kleinen Friedhof war und in die Gräber hineinfluchte – aus Neid, weil die da unten so gut schlafen, während er schon seit Nächten keine Ruhe fand.

»... ich möchte echte Menschenfresser sehen ...?« platzte Franzi in die Unterhaltung der Kolonisten. Und gespannt auf die Antwort, drückte sie ihre Augäpfel nach außen.

»... Der Kannibalismus nimmt stark ab ...« erwiderte stolz der Wachtmeister und wölbte seinen Brustkorb zum Zeichen, daß auch er an diesen Erfolgen beteiligt war.

Und Franzi ließ enttäuscht das Weiße ihrer Augen in die Tiefe zurücktreten. Sie wußte aus der Reiseliteratur, daß es heute auf Neuguinea und auf den Hebriden noch Menschenfresser in Reinkultur gab. Und seit Tagen befragte sie die Schiffsbemannung vom Kapitän bis zum Klingeljungen herab nach Details dieser Menschenfresserei. »... und ich muß sie sehen ...!« schrie sie und stampfte mit ihren Stiefelabsätzen ein Trommelfeuer in die Bar.

Da gab sich der Hafenarzt einen Ruck und bereitete eine kleine Expedition zu einer abgelegenen Kannibaleninsel vor. Franzi schlüpfte vor Begeisterung verkehrt ins Kleid und merkte es erst, als wir schon in den Kanus saßen, die von Insulanern gepaddelt wurden. Von den Passagieren des Dampfers fuhr auch eine vornehme Dame mit und rezitierte aus dem Othello »... von Kannibalen, die einander essen, von Menschenfressern und von Wunderleuten, die ihre Köpfe unterm Arm tragen ...« Und einige Anstandspausen lang bewunderten alle diese Bildung, die sich noch bei 42 Grad Celsius behaupten konnte.

Ein schweizer Professor hatte sich unter die Jacke einen Revolver umgeschnallt, dessen Lauf ihm bis zu den Knieen herunterhing. Und beim Anblick dieser Waffe fühlte Franzi, daß es nun »echt« werden sollte ...

»... wenn nur nichts passiert ...!« schnaufte sie und sah sich schon als Wiener Schnitzel im lodernden Lagerfeuer hängen.

»... Und was fressen sie am liebsten ...?«

»... als besonders lecker gelten bei den Kannibalen die Handballen und das Backenfleisch ... und diese Stücke bleiben dem Häuptling reserviert ...« erläuterte die vornehme Dame.

»Kehren wir doch lieber um ... !« rief Franzi und sah im gleichen Augenblick unserem Fährmann ins Gesicht. Kiefer, Zähne und Kinnlade füllten die Hälfte des Kopfes aus und seine Zunge vollführte schmatzende Bewegungen. »... in Gedanken frißt er uns schon!« lispelte Franzi und bot dem Insulaner ein Schinkenbrot an – in der Hoffnung, daß dadurch sein Appetit von uns abgelenkt würde.

Wir fuhren über Wasser, dessen Farbe vom Smaragdgrün in Türkisbläue überging. Zehn Meter tief lag die Sicht und alles war so, als glitten wir über ein Goldfischglas hin. Unten türmten sich Korallen und Fische mit gefransten Schwänzen wedelten auf dem zackigen Grund.

Mit dem Rest des Schinkenbrotes deutete der Fährmann auf eine vorgelagerte Insel. Und wir sahen weißen Strand und die Hütten eines Kanakendorfes ... Mit dem Fernglas konnten wir braune Menschen unterscheiden, die splitternackt und gestikulierend am Ufer in ihren Hütten verschwanden ...

»... jetzt holen sie ihre Giftpfeile und Keulen ...« dachte Franzi laut zwischen Furcht und Sensation. Der Professor tastete seinen Revolver ab, dessen Lauf ins Wasser hing.

»... in Europa würde dies Erlebnis in der Völkerschau fünfzig Pfennig kosten ...« sprach meine Freundin zu sich selbst und beruhigte sich an dem Umstand, daß sie hier die Gefahr wenigstens gratis hatte.

Verwilderte Hunde schwammen uns entgegen. Unser Fährmann sprang aus dem Kanu und schob es an den Strand. Der Boden der Insel bestand aus einem Meer von Muscheln, von denen jede einzelne ein Museumsstück gewesen wäre.

Franzis Herz arbeitete wie eine Dreschmaschine. Ihre Pulse waren vibrierende Ladenklingeln. Sie sprach kein Wort mehr und stolperte über herabgefallene Früchte ...

Im Dorf wuchs ein Geschrei an. Die Inselbewohner sammelten sich um den ausgehöhlten Zauberbaum und stürmten uns entgegen. Aber – alle waren bekleidet ...! Frauen und Mädchen trugen fertige Kattunfetzen und sahen wie Schneewittchen eines Vorstadttheaters aus. Die Männer waren in weiße Sweater geschlüpft und glichen eher Schaukelburschen als wirklichen Kannibalen.

Alle Romantik schien wie ein Malzzucker zu zergehen ... Der Häuptling gab zu verstehen, daß sie sich zu unserem Empfang so festlich kostümiert hätten. Zur Begrüßung schleppten sie Katzen und schwarze Schweine herbei, gaben uns Früchte, Kokoswasser, Armreife und heilige Zähne. Nackt blieben nur die Kinder und Greise. Die Alten hockten vor ihren Hütten und träumten vor sich hin von einer Zeit, da der weiße Mann, statt verehrt – gefressen wurde. Vor einigen Jahren wurde diese Insel von einer Mission erobert, und statt Giftpfeilen tragen ihre Bewohner jetzt die Namen Marie, Johann, Georg und Anna.

Und Franzi wurde wieder frech. Alle Furcht war weggeblasen. Sie ließ sich von den Frauen ihre Rückseite streicheln – und wenn die Männer das weiße Kalbfleisch ihrer Backen nach Bissen abzuschätzen schienen, erlebte sie dieses Spiel mit dem Leben wie eine erfrischende Brause.

»… unter Menschenfressern zu leben und nicht gefressen zu werden, das tut sauwohl …« schrieb sie vor einem Hüttenfeuer in ihr Tagebuch, nachdem ein junger Kannibale ihren Bleistift mit den Zähnen spitzte.

Wenn es jetzt noch Ansichtskarten gegeben hätte, würde sie aus dieser Kannibalenstimmung wilde Grüße abgeschickt haben. Und der Häuptling hätte mit dem Zeichen seines Stammes unterschreiben müssen …!

Den ganzen Tag streunte Franzi um das Dorf und sammelte Eindrücke, Muscheln, Knochen und Schmuck aus den Hütten, um sie in der Heimat auf den Mahagonischreibtisch legen zu können. Sie hatte die Erzählungen vergessen, daß die strengsten Verbote und Strafen nicht die Lust zu seltener Gelegenheit unterdrücken und daß ein Kannibale mit dem schönen Namen Josef trotz aller Zivilisation den Geschmack an weißem Fleisch nicht ganz verloren hat. Sie fürchten die Kolonialbehörden, den Polizeikommandanten, Kriegsschiffe und Strafexpeditionen und fressen sich nur mehr untereinander auf. Aber wenn die Strafe nicht sichtbar ist, wird auch das Fleisch eines Kannibalen schwach …

»… die Wilden fressen mir aus der Hand …!« schrie Franzi vom anderen Ende des Dorfes her, wo sie die Insulaner mit Früchtebonbons fütterte und Kinder auf dem Arme trug.

Und Abend und Abschied kamen. Wir stiegen in die Kanus, und Franzis Boot lag durch die Fülle der Beute bis zum Rand im Wasser. Als wir einen Steinwurf weit von der Insel entfernt fuhren, sangen die Frauen die Lieder ihrer Heimat. Sie brauchten einen Abstand von Europa und Zivilisation, um wieder in ihre Natur zurückzuschnellen … Wir winkten, und alle Insulanerinnen stürzten sich ins Wasser und schwammen wie Tiere unseren Booten nach. Sie hatten ganz vergessen, daß sie noch die ungewohnten Kattunkleider am Leibe trugen, und tauchten wie Delphine unter die Kanus hindurch.

Franzi schwitzte vor Begeisterung. Sie hatte Kannibalen der Südsee und prickelnde Gefahr erlebt, wurde gestreichelt – statt gefressen und kann daheim beim Fünfuhrtee wie ein Tonfilm erzählen: »... ich bin unter die Menschenfresser der Neuen Hebriden geraten, das Feuer brannte schon vor der Hütte, die Kannibalen knirschten mit den Zähnen und ich wurde wie durch ein Wunder gerettet ...!«

Über die Art des Wunders fiel ihr nichts Passendes ein. Aber in einem Grandhotel Sidneys wird sie sich in eine Badewanne setzen und bis ins Detail über ihre Rettung nachdenken – – –

Heute zeigt sie ihre Andenken dem Schiffskoch, der sich nicht an Land wagte, weil er zwei Zentner Lebendgewicht besitzt und sein Backenfleisch wie Schweinssulze wackelt ...

Ankunft in Australien

Der Zauber der Südsee endigt hinter Neukaledonien. Ein Morgen offeriert die Ostküste Australiens. Nebel ziehen ab. Und bald liegen die Ränder des fünften Erdteils im Frühglanz der Sonne.

Durch die versteckte Enge eines Mausloches fahren wir ein. Dahinter weitet sich die Bucht von Sidney, die ein Lokalpatriotismus neben die Pracht von Rio de Janeiro als Gegenstück an die Wand hängt. Seit Wochen kletterten in den Häfen der Südsee nackte Insulaner an Bord – und jetzt erscheint in Knickerbocker, Hornbrille und Juchtendasein die Gesundheitspolizei, um alles Lebende daran zu erinnern, daß das große Primitive jäh zu Ende ist.

Passagiere und Mannschaften stülpen die Ärmel empor, und der australische Medizinmann besieht sich die Parade der entblößten Arme. Australien läßt nur gesunde Menschen ins Land, und der Gliedmaßendiagnostiker scheint am Biceps eine Darmverschlingung zu erkennen.

Bis ich an die Reihe komme, sehe ich mir nach links und rechts die Bilder an, die ins gesalzene Seemannsfleisch tätowiert waren. Auf einem Unterarm kämpfen zwei Hähne, hier fängt über dem Muskel der Indianer seinen Orang-Utan, dort tritt ein Löwe aus dem Urwald und eine eingravierte Dame stemmt den Erdball ... Darunter steht in Antiqua zu lesen: »Glaube, Hoffnung und Liebe.«

Hinter einer Biegung der Bucht hebt sich über die Stadt die wuchtigste Brücke, die ich je im Leben sah.

»... das ist die Selbstmörderbrücke von Sidney – – – und ihr Bau kostete zehn Millionen Pfund Sterling ...« erläuterte mir ein Kenner. Und ich denke: Wenn sie nur für Abstürze errichtet wurde, so gibt die Stadt zur Pflege der Lebensmüden viel Geld aus ...

»... die Pyramiden von Gizeh sind dagegen ein elender Sandhaufen ...!« ruft eine Dame vom Promenadedeck herab und gibt damit Kunde, daß sie erstens schon in Ägypten war und viertens viel von Baudenkmälern versteht.

Segelboote und Möwen treiben vor uns her Sport und verheißen ein Land der Leibesübungen.

Die Ankunft am Quai besteht aus Ladeschuppen, Wellblech und Hafenbehörden – und unterscheidet sich von keinem Willkomm auf den übrigen vier Erdteilen.

»... Was wußten Sie bisher von Australien ...?« vertritt mir ein Reporter mit seinem Fotografen den Weg. Wenn ein Australier in Deutschland ankommt, antwortet er vielleicht auf diese Frage: »Schmeling, Mozart und Inflation ...« Umgekehrt ist es schwieriger – was wissen wir in Europa von Australien ...? Und während mir ein eiliger Steward das Eck eines Rohrplattenkoffers an den Bauch stößt, platzt aus mir das schöne Wort »Känguruh« hervor. Der Reporter fängt den Ausspruch ein – und nach drei Stunden sehe ich im »Daily Telegraph« mein Bild mit kurzem Text über das Känguruh, das bisher meine Kenntnisse über dieses Land ausfüllte.

Wir machen den ersten Schritt vom Fallreep auf australischen Boden. Franzi sieht auf die Uhr nach Minuten und Sekunden und notiert – wann ihr Fuß mit Schuhnummer 39 den Fünften Erdteil betrat. Und sie wünscht, daß ich diesen historischen Moment fotografiere: Im Vordergrund ein schiefgetretener Stiefelabsatz und als Panorama die Bucht der Weltstadt Sidney ...

»... und jetzt sind wir in Australien ...!« gestehen wir uns gegenseitig ohne Tiefsinn ein, während einem Passagier der Mumienschädel eines Kanakenhäuptlings aus dem Koffer fällt und zwischen unseren Füßen über den Quai rollt. Der Gepäckträger benützt diese Erinnerung an Ozeanien und gibt mir drei Schilling zu wenig heraus, eine Dame mit sechs Sprachen empfiehlt ihre Pension mit fließendem Wasser, und die Sonne sticht wie ein Schwarm Hornissen.

Wir fahren durch das Herzgeviert der Stadt. An den Trambahnhaltestellen spielen erwerbslose Musiker das »Ave Maria« in die Anhängewagen. Die Straßen bestehen aus Delikatessen, Früchten und Pralinen. Und schon in der Pitt Street möchte Franzi den Finger in den Mund stecken. Am Hydepark steigen wir vom Auto in die Trambahn um. Ich sehe zum offenen Fenster hinaus und sammle die ersten Eindrücke, formuliere Sidney als Kreuzung zwischen New York und London und zähle an den Wolkenkratzern die Stockwerke ab.

Zur Feier der Ankunft will Franzi noch am ersten Tag jene Ureinwohner Australiens sehen, die an der Botanicbay hausen und im Führer mit drei Sternen der Sehenswürdigkeit versehen sind. Und noch am Nachmittag fahren wir in diese Wildnis hinaus.

Wir kommen durch endlose Vorstadt, an Rennbahnen und Kiesgruben vorbei – bis nach einer Stunde die Tram vor einer Weide von Wellblechhütten hält. Und hundert Meter von dieser Endstation hausen die Wilden. Sie haben Negertyp und Hemdkragen, die weißer als der meine sind. Um ihre Häuser haben sie die gefährliche Waffe des Boomerangs aufgestellt. Aber die Geschosse dienen nicht für Jagd und Krieg. Sie werden wie im Münchner Hofbräuhaus die Maßkrüge – als Souvenirs verkauft, fliegen nicht durch die Luft und sind mit Holzbrandmalerei versehen.

Auf ein europäisches Büfett gesetzt, beweisen sie, daß man in Australien war und im Tauschhandel den wilden Ureinwohnern die gefährliche Waffe abgefeilscht hat. Und da viele Zeugen stärker wirken als einer, kauft Franzi ein halbes Dutzend.

Beim Zahlen machen uns noch die Wilden auf das falsche Geld aufmerksam und empfehlen uns ein Nachtlokal. Vorsichtig schleichen wir aus dem Bannkreis dieser Naturvölker. Sie hätten sich vielleicht noch als Führer durch die Nationalgalerie angeboten ...

Und wenn in lyrischen Gedichten die Nacht wie ein schwarzer Sammetvorhang herniederfällt und die Lande in Schlaf und Träume lullt, so gilt dies auch für den Erdteil Australien. Vorher aber fielen punkt sechs Uhr in den Barstuben und Bierlokalen laut Vorschrift die eisernen Rolläden herab ... Wir stehen vom fließenden Alkohol – durch Blech getrennt – in trockengelegter Mitternacht.

Und da ich mit zwei Liter Fruchtwasser im Bauch vor meinem Bett stehe, kenne ich von Australien am ersten Tage schon mehr – als nur das hüpfende Känguruh ...

In einem Eukalyptuswald werden die Vorbilder aller ausgestopften Stoffbären lebendiges Ereignis. Jene Teddybären, die man als

Preis aus Schießständen und Glückshäfen gewinnen kann, dann aufs Sofa setzt – diese Herzigkeiten klettern hier frei auf den Zweigen herum und lassen sich auf den Arm nehmen. Ihr Gesicht ist so unwirklich komisch und kunstgewerblich, daß die wirkliche Lebendigkeit mit jedem Blick unglaublicher wirkt. Diese Teddybären sind sonst lebend auf dem ganzen Erdenrund nicht zu sehen und kein zoologischer Garten der Welt kann sie seinen Besuchern präsentieren ... Denn diese Tiere fressen nur eine Sorte Eukalyptusblätter, die allein im australischen Busch gedeihen ...

Mit zwei Handkoffern auf dem Luxusdampfer

Wie Flüchtlinge schleppen wir unser Gepäck durch die australische Weltstadt und kamen am Quai als durchweichte Pappschachteln an.

Hier lag der Luxusdampfer »New Holland«, der uns von Australien über die Sundainseln nach Hinterindien bringen sollte. Das Schiff hatte nur Erster Klasse und die Vornehmheit sah bei jedem Bullauge heraus. Die Passagiere kamen mit Gebirgen von Rohrplattenkoffern an und besahen sich unser Handgepäck mit Lorgnons.

Mit unseren Freikarten stiegen wir das Fallreep wie zu einer Audienz empor. Und der Zahlmeister vollführte einen Pendelbetrieb zwischen Koffer und Ausweispapieren.

Die Kabinen glichen kleinen Museen, in denen alle Werkzeuge des Komforts und der Reinlichkeit eingebaut waren. Meine Reisekameradin rieb Hähne und Schalter auf, bis es von allen Wänden plätscherte, surrte, wehte und leuchtete. Sie wollte jetzt schon von dem Luxus genießen, wusch sich gleichzeitig in zwei Marmorbecken den Hals und ließ ihn im Kreuzfeuer der Ventilatoren trocknen ...

Zwischen Quai und Promenadedeck wurden Luftschlangen geworfen. Und der Abschied sah wie eine Straße am Faschingsdienstag aus. Abertausendfarbige Papierstreifen wurden zum »letzten Band«, das noch eine kleine Weile die Abreisenden mit den Zurückgebliebenen verknüpft. Und Stück um Stück riß, da sich der Dampfer von der Qualmauer löste – bis nur mehr Handküsse, Tränen und Taschentücher die letzten Signale austauschten ... Und wir schwammen unter den Riesenbogen der Harbourbridge in die Bucht von Sidney hinaus und ließen auf Australien nur einen vergessenen Waschlappen und zwei Paar Einlagsohlen zurück.

Im Speisesaal ging es prunkhaft her, wie in einem amerikanischen Ausstattungsfilm. Die Wände waren mit farbigem Marmor tapeziert, am Boden spiegelten sich die Lackstiefel der australischen Millionäre und durch die Fenster sah die Bläue des Ozeans herein.

Wir bekamen einen Tisch in der Ecke, weil sich bei uns nichts spiegeln konnte. Das überweiße Tischtuch war wie ein Operationstisch mit Eßinstrumenten belegt. Es gab zu jeder Mahlzeit vierzehn Gänge, und ich fragte Franzi ins Ohr – zu welchem Gericht jeweils die einzelnen Zangen und Scheren gehörten. Und obwohl sie in München eine Sechszimmerwohnung mit Bad und Staubsauger besaß, aß sie den Kaviar mit dem Eislöffel. Ich schielte zu dem Tisch nebenan und machte alle Handgriffe einer Dame nach, die den größten Brillantschmuck trug und auch sonst mit Bildung erheblich belastet schien. Franzi ist kurzsichtig und machte es wiederum mir nach. Sobald wir den letzten Bissen eines Ganges zwischen den Zähnen hatten, stand hinter jedem von uns der persönliche Boy und brachte den nächsten Schub. Es war wie vor einem Briefmarkenautomat, in den eine unsichtbare Hand fortwährend einwirft, während wir davor sitzen und jede Marke nur abzulecken hatten.

Die einzelnen Gerichte waren hübsch dekoriert – und beim ersten Diner passierte es mir, daß ich einen stearinkerzenartigen Geschmack zwischen dem geräucherten Aal verspürte. – Und erst als ich schluckte, wurde es mir klar, daß ich auch die wächserne Dekoration mitgegessen hatte. Ich stieß Franzi warnend mit dem Fuß unter dem Tisch. Sie faßte es falsch auf, glaubte – ich vergönne ihr das Essen nicht und verschlang alle künstlichen Blumen.

Ich fragte die Franzi, ob es fein wäre – wenn man alle vierzehn Gänge durchißt ...? »aber mach' es nicht so auffällig ...« antwortete sie – und wir bestellten weiter, indes die übrigen Passagiere schon mit den Servietten am Mund hin und her wischten. Und das sah aus, als ob sie alle lautlos Mundharmonika spielten ...

Bald darauf, fünf Minuten hinter dem letzten Gang, wurden wir beide seekrank – obwohl das Meer spiegelglatt war – –

Die Offiziere stammten aus Holland, alle Mannschaft setzte sich aus Mulatten zusammen, die Bedienung war chinesisch und die Passagiere bestanden aus Reichtum.

Vor meiner Kabinentüre hockte die Nacht über ein Boy aus Canton. Aber ich kann nicht schlafen, wenn ein Mensch wie ein Hund verwendet wird und schickte ihn fort. Er mißverstand mich – und um Mitternacht saßen zwei Kulis vor der Kabine und stritten sich bis zum Morgen auf chinesisch.

Im Hinterschiff war ein Schwimmbad eingebaut. Franzi hatte sich aus der deutschen Inflationszeit Fünfzigpfennigstücke aus Aluminium mitgenommen, um das Geld an bettelnde Wilde der Südsee zu verteilen. Aber die Wilden bettelten nicht – und so warf sie die Münzen ins Badewasser. Da packte die Wollmillionäre der sportliche Ehrgeiz – und sie tauchten nach dem deutschen Inflationsgeld, bis ihnen die Luft ausging.

Vor dem Mittagessen gingen wir in die Folterkammer aufs Bootsdeck. Da waren Apparate aufgebaut, an denen die Opfer zentnerschwere Bleigewichte heben, drehen, ziehen und stoßen mußten. Jeden Tag traten die dicken Millionärsfrauen an und plagten sich um die Wette. Franzi feuerte sie noch durch Zählen und Zurufe zu immer wilderer Arbeit an.

Jeden Abend war Ball. Ein Boy bestreute das Promenadedeck mit Kolophonium. Die Damen wüteten in den Kabinen in ihrem großen Gepäck nach dem achtzehnten Abendkleid – und wurden um so vorsichtiger gegen Ende der Reise. Denn es hatte sich herumgesprochen, daß Miß Glassey am vierzehnten Tag das ananasfarbige Seidenkleid bereits zum zweitenmal trug ...

Die Herren erschienen im Tropenfrack, der einer weißen Weste mit Ärmeln gleicht. Aber mein Kakhianzug zum Frühstück, zweiten Frühstück, Diner, Five o'clock und Tanz war vorteilhafter gewählt, denn schon beim ersten Anblick war ich unter dem Druck der Millionen erledigt.

Franzi zog einen Fetzen aus ihrem Binsenkorb. Ihr Abendkleid mit Pailletten wurde von den australischen Ladies bewundert, und wir waren sprachlos. Aber schon nach Mitternacht stellte sich heraus – daß sie die Robe für ein oberbayrisches Nationalkostüm hielten.

Franzi wollte mondän sein – und wurde als zu dirndlerisch befunden.

Mister Thornton, der auf den Philippinen etliche Goldminen besaß, lud uns zu einem Glas Bier ein. Und er erzählte während des Gelages, daß er im letzten Jahre statt fünf – nur dreieinhalb Millionen herausgewirtschaftet hätte. Da sagte ich zu Franzi, daß wir immer mit unseren Reisebekanntschaften Pech haben ... Hätte der Mann in diesem Jahre mehr verdient, so würden wir jetzt statt einem Glas Bier, vielleicht eine Flasche Sekt trinken.

»... aber trotzdem mußt du dich revanchieren ...!« hetzte mich

Franzi auf – und ich schmiß noch drei Runden. Und so hatte der Goldminenbesitzer auf den glücklichen Rat meiner Freundin einen kleinen Teil seines schweren Verlustes wieder an mir hereinholen können ...

Und wir fuhren ins Korallenmeer, durch die Torresstraße, Arafurasee, sahen die Donnerstaginsel, die Urwaldküsten von Neuguinea und rechneten auf einem Rauchtisch des Prunksalons aus, was wir noch zu verleben hatten.

Die Rechnung ergab fünfunddreißig Pfennig pro Kopf und Tag – und als der Luxusdampfer in Makassar anlegte, schnellten wir von der ersten Klasse in die Höhle einer Chinesenherberge. Käfer liefen uns im Schlaf übers Gesicht, als Zimmerschmuck hingen talergroße Spinnen von der Decke herab.

Und wir hatten das internationale Gefühl – im Bruchteil einer Sekunde aus einem Himmelbett in einen Schweinestall gestürzt zu sein – – –

Der Elefant von Celebes

Ein Kindergartenvers aus der Heimat verfolgte mich auf der Insel Celebes. Ein Zimmerherr sagte ihn einst vor sich hin, so oft er ins Bett stieg. Ich hörte es durch die Wand; »... der Elefant von Celebes, hat hinten etwas Gelebes ...« Jugenderlebnisse kleben wie Gummi arabicum. Und der idiotische Reim blieb an mir haften ... Und wir nannten den Zimmerherrn nur noch – »Elefant von Celebes ...«

Der Mechanismus setzt schon bei der Landung ein ... Ich sehe als Gedankenverbindung nur Zimmerherren und Elefanten am Ufer grasen. Und erst später bemerkte ich, wie malaiische Pfahldörfer aus dem Wasser wachsen und Einbäume mit kleinen Segeln kreuzen.

Der Vertreter einer amerikanischen Filmverleihgesellschaft steht mit seinem Musterkoffer am Promenadedeck. Ich frage: ... »und was machen Sie hier ...?« »... ich bringe den neuesten Film aus Hollywood: ›Das Abenteuer von Borneo‹.« Und ich antworte »... der Elefant von Celebes hat hinten – – « – –

Die Peitschen der Droschkenkutscher sind doppelt so lang wie Wagen und Pferd zusammen gerechnet. Chinesische Kulis schleppen ihre wandernden Küchen durch die Menschenknäuel. Und Herd und Tisch hängen über den Bambusstangen federnd zu beiden Seiten herab.

Zwischen Ampeln und Papierdrachen sitzen knallfarbige Papageien und kosten ein Trinkgeld. Von den Bäumen herab krähen Vögel wie ein Sägewerk das Lustmotiv aus Tannhäuser. Aber an Stelle des Venusberges liegen chinesische Tempel und Friedhöfe im Kreise.

Händler werfen das Silbergeld zuerst auf den Steinboden. Falsches Geld scheint hier wie die Kokosnuß zu wachsen.

Wir gehen durch die Straße der Zahnärzte. Zur Linken und zur Rechten reiht sich Laden an Laden. Eine lange Gasse lebt von den Zahnschmerzen auf Celebes. Die Operationsstühle stehen offen auf den Gehsteig zugekehrt. Und die Passanten sehen dem Kranken bis in den Schlund. Hinter jeder Türschwelle krachen Stockzähne im Drehen der Zangen, und Bohrmaschinen mit Handbetrieb surren um den freigelegten Nerv. Die Inhaber von geschwollenen Bakken laufen zuerst die beiden Seiten der Gasse ab. Und wo am wenigsten geschrien wird, da treten sie ein, da wohnt das große Vertrauen ...

Einer der chinesischen Zahnärzte läßt während der Operation seinen Trichtergrammophon spielen, und der Zuschauer erlebt die Täuschung, daß aus dem aufgerissenen Munde des Patienten eine Verdiarie ertönt. In den Auslagefenstern liegen Zähne und Gebisse in zierlichen Arrangements, wie Juwelen um Armbänder. Aller Verkehr und Staub wälzt sich hygienisch zwischen den Häuserreihen hindurch. Und es scheint, als ob es eine Lust wäre, in Makassar eine Zahngeschwulst sein Eigen zu nennen.

Unter dem Druck der einbrechenden Gluthitze denke ich zwangsmäßig wieder an Elefanten. Dickhäuter leiden häufig an heftigem Zahnweh. Und ich postiere mich an einer Straßenecke und warte auf den »Elefanten von Celebes«, der auf der Suche nach einem Dentisten durch die Gassen trampeln könnte – – –

Zwei Kulis, die einen europäischen Kleiderschrank auf Bambusrohren über den Platz schleppen, lenken mich von der bedenklichen Versenkung ab. Im Kristallspiegel des Kastens liegen die Kronen der Palmen, und der Arm des Verkehrsschutzmannes greift in der eiligen Spiegelung nach reifen Nüssen.

Ein seltsames Erlebnis des Primitiven halten die Pfahldörfer der Malaien aufgespart. Der Küste entlang wachsen auf Stämmen Schachteln hervor, die wieder in Schachteln stecken. Menschen wohnen in einer Laubsägearbeit. Und man erwartet eher ein eingebautes Kuckucksuhrwerk, als den Pferch einer vielköpfigen Familie. Zwischen Sumpf, Malaria und Fäulnis bleiben diese Wasservillen immer noch Paradiese der Freiheit. Der Weg auf die Kronen der Bäume ist nicht weit. Im Innern der Hütten sind nur Matten, Teetassen und Kinder als Möbel aufgestellt. Der Boden und die Wände bestehen aus Fliegen, Ameisen und Katzen, die mit abgeschnittenen Schwänzen herumlaufen. Hinter Gittern und wehenden Vorhängen zeigen sich die Köpfe der Frauen. Musik und Gesang kommt aus jedem Haus und ersetzt die Freude an der Arbeit.

Ein Wald von Bananen schießt aus dem Boden, und vor jedem Haus sitzt im Korb der Kampfhahn und wartet sein grausames Schicksal ab.

In den Flüssen ziehen Bambusflöße wie stumme Prozessionen hin. Ich suche alle Lichtungen ab. Der Elefant von Celebes grast noch immer im Verborgenen. Und in der Stadt frage ich einen Hotelportier nach dem Ziel meiner jugendlichen Verdrängung. Er lächelt bejahend, zieht mich am Ärmel durch mehrere Gassen – in einen Kaufladen. Die Wände sind mit Reiseandenken tapeziert, und auf dem Fensterbrett steht eine ganze Herde von Elefanten – von 60 Cents aufwärts.

Die Tiere tragen das Preisetikett hinten am Schwanz – und werden in allen Größen fabrikmäßig hergestellt.

Und »Der Elefant von Celebes« existiert auf dieser Insel nur schwarz poliert mit absteckbaren Stoßzähnen. Indes der zimmerherrliche Elefant als Schüttelreim weiterlebt und diesen Flecken Erde durch ein Typisches vertraut macht, das er nie besaß ...

Im Zauberland Java

Java in Sicht ...!
In der Ferne steigen die Masten aus dem Hafen von Soerabaja. In einem Kohlenfeld schlafen abgearbeitete Kulis. Zentimeterdick liegt über ihren Malaiengesichtern Staub und Ruß. Wie Gedankenstriche kreisen um die Männer ein Dutzend jener »Mädchen von Java«, die weder tanzen noch singen – sondern in abgelegten Konservenbüchsen ein Reismenü zusammenpantschen.

Statt mit erträumten Kanus, fahren wir mit der elektrischen Straßenbahn – Linie 4 – aus dem Meer der Ladeschuppen in die Stadt Soerabaja. Gegensätze schlagen alle Eindrücke mit einer Hacke in zwei Teile. Aus Beton ist kilometerlang eine Autostraße mit Warteinseln, Blumenbeeten und Bogenlampen gezogen. In Wolken von Auspuffgasen sitzen Malaien zu Knäueln beisammen und preisen traumgemusterte Batik an.

Aus den Villen der Kolonisten leuchten in gedämpften Farben die Lampenschirme, die der Stolz jeder Diele sind. Die Kinos ersetzen in Java die »Große Oper« und die Anfahrt vollzieht sich in Smoking und Ballkleidern. Morgen läuft das »Abenteuer von Borneo« – und der Javaner muß sich den letzten Rest nachbarlicher Romantik im Kino ansehen, um so den Reiz seiner Heimat zu erleben.

Längst haben wir es aufgegeben – in der Glut der Stadt dem Leben nachzulaufen. Wir setzen uns vor ein Eck-Kaffee und lassen den Sturm der Exotik an uns vorüberziehen ...

Eingeborene verbeugen sich an unseren Tischen wie vor Altären, schneiden Gesten der Huldigung durch die Luft, ihre Rede geht in Gesang über – nur um einige Früchte verkaufen zu können. Zwischen Obsthändlern drängen sich Hausierer mit geschnitzten Figuren, Dolchen, Messingbuddhas und geschliffenen Steinen.

Aber erst in Samarang schlägt der östliche Handel die Augen auf. Hier erleben wir den ersten chinesischen Markt, in die Welt der Malaien eingerahmt. Die ausgebreiteten Waren wurden durch die wagenradweiten Hüte der Verkäufer wieder verdeckt. Sie haben einen Meter Durchmesser und ergeben ein wogendes Meer von gelbem Stroh. Darunter liegen tausend Sorten von Früchten, Salaten, Gemüsen und Gewürzen. Da keine Einsicht durch das Wissen des Namens wächst, sehen wir nur Farben und Formen. Zuweilen hielten wir uns an der Mauer aufrecht. Violette Kreise zogen vor uns her, und wir schwankten, ob diese Ohnmacht von paradiesischer Exotik oder von den Sturmangriffen bestialischer Gerüche entstehen konnte ...

In das Gewölk von Gestank sticht die Sonne – und eine Zigarette verhilft allein noch zum aufrechten Gang aus diesen Gassen der Verwesung.

Und jeder Duft liegt unbeweglich und abgerundet. Wir schleichen wie durch eine Art von Geruchsräumen, die ohne Mauer in die gestockte Luft gesetzt sind, – aber wir erleben diese Stunden als das erste, unverfälschte Java, das uns als Erinnerung in der Nase bleiben wird.

Die Ankunft in Batavia zählt zu den größten Enttäuschungen rund um die Erde. Die Stadt liegt stundenweit ab und ist nur mit Schnellbahnen oder Autos zu erreichen. Sie hat eine Ausdehnung wie Paris. Kanäle, Sumpf und Malaiendörfer reißen Batavia in unendliche Weiten auseinander.

Vor Tennisplätzen liegen knallfarbige Gruppen. Das Drahtgitter trennt viele Jahrhunderte. Drinnen spielt Europa mit Kautschuk und außen genügt noch das eigene, lange Haar, um die Zeit ohne Hast zu erfüllen.

Im Waggon der elektrischen Schnellbahn turnen unterm Ventilator zwei Riesenspinnen. Der Schaffner hat seinen Zopf unter die Dienstmütze eingerollt. Uns gegenüber sitzt eine indische Gymnasiallehrerin. Die will mir eine Erinnerung ins Notizbuch schreiben. Ich erwartete einen tiefgründigen Ausspruch des Gothama im Palitext. Aber sie schrieb: »... ich sitzen im den Aisenbaan ...« Diese Widmung kann ich daheim kaum als Autogramm einer Bajadere vorzeigen.

Die braunen Schutzleute auf Java sind körperlich klein wie Spielzeug und geistig groß wie Mastochsen. Scheinbar sind sie nur als Dekoration in die Landschaft gesetzt und haben darauf zu achten, daß die zwei heiligen Kanonen nicht zusammentreffen.

Denn Java besitzt zwei alte Kanonenrohre. Das eine liegt in Alt-Batavia und das andere weit im Innern des Landes. Sie haben den Ruf der Heiligkeit und die geheime Kraft – den kinderlosen Frauen die Fruchtbarkeit von Javas Tropenerde zu übermitteln. Und unerschütterlich geht um sie bei den Eingeborenen der Glaube: Wenn beide Kanonenrohre zusammenkommen, ist die Vertreibung der Holländer aus Java verwirklicht geworden.

Weltevreden ist das weiße Herz der Tropenstadt. Hier stehen die Paläste des holländischen Lebens. Dazwischen aber nisten noch Bambushütten, nackte Männer baden in einem Bach neben dem Königsplatz, und durch Luxusautos zwängen sich die Büffelwagen und Rikschas ...

Noch vor der Einfahrt ins Land wollten wir Java-Tanzmasken in unseren Koffern haben. Der erste Händler kramte aus dem Dunkel seines Ladens einige Visiere, wie sie auf europäischen Bällen getragen werden. Und ein chinesischer Kaufmann rückte mit Papiermaché-Larven an, die aus dem Kinderfasching unserer Vorstädte exportiert waren ...

Der Osten Javas ist längst europaübertüncht. Und nur eine Reise ins Innere reißt noch Winkel auf, in denen die Götter nisten ...

Ohne Geld in Singapore

Eine Weltreise ist keine Karussellfahrt und kein Jahrmarkt, auf dem man sich das Taschengeld für Menagerie, Magenbrot und Flohzirkus einteilen kann.

Und da wir am südöstlichsten Punkte Asiens ankamen, verfielen Brieftasche und Brustbeutel in Schüttelfrost. Wir besaßen noch zwanzig Chinintabletten, Darmkolik und die Rückfahrkarte.

Im Hafen bestiegen wir ein Büffelfuhrwerk und zogen in die Stadt der Tausend Wunder ein. Franzi saß auf den Koffern und hielt ein bemaltes Kriegsschild und die Giftpfeile aus Neuguinea wie eine Schützenkönigin in der Hand.

An dem Grand Hotel mit dreißig Mark täglichem Pensionspreis fuhren wir mit verschleierten Blicken vorüber – und ließen vor einer chinesischen Herberge letzter Klasse halten. Auf dem Viehwagen zählten wir nochmals den Rest unserer Barschaft nach. Sie betrug – umgerechnet – siebzehn Mark – und unser Schiff fuhr erst in zehn Tagen ab ...

»... das wird heiter ...« sagte Franzi und schleppte ihr Gepäck ins Foyer. Das bestand aus einer chinesischen Aufschrift, die sich wie Spinnenfüße an der Wand herabließ. Der Wirt war klein und rund, hatte sein Schwergewicht im Unterleib – und ich bekam das Gefühl, daß er von selber aufsteht, wenn er umfällt.

In meinem Zimmer stand etwas, das wie ein alter Totenwagen aussah. Nach längerer Betrachtung des Eisengerüstes und der verstaubten Schleier entwickelte sich daraus ein Bettgestell mit Moskitonetz.

Nun wußten wir, daß wir für zehn Tage untergebracht waren. Und es ist immer beruhigend, untertags zu wissen, daß die Nacht mit allem Komfort wartet – – –

Wir mieden ängstlich das europäische Viertel mit den Verführungen von Eiscreme, Bier und Sodawasser. Am Singaporeriver gleiten Dschunken und Barken durch das Abspülwasser und streuen ihren Kehricht über die ölige Flut. Kulis schleppen Rubber in die bemalten Häuser der chinesischen Hanseaten. Die Luft ist fett wie Limburger. Wir sitzen auf einem umgestülpten Boot. Und wir haben nichts zu tun – als dauernd die Nase zuzuhalten. Der Kautschuk sonnt sich seit Tagen und stinkt zum Himmel.

Aber wenn am Fluß die Ebbe einsetzt, versagen auch zusammengepreßte Nasenflügel ihren Schutz. Zwischen schiefergrauem Schlamm kommen tote Katzen, erschlagene Ratten und verweste Seetiere in den Bereich der Äquatorsonne und zeigen die Pest in Großaufnahme. Nach einer Stunde ist jeder aufsteigende Appetit aus der Magengrube fortgetragen, und wir hatten den Mittagstisch erspart.

Wenn die Sonne sinkt, steigt der Verkehr, und das hinterindische Leben kriecht aus den Winkeln. Zebus, Rikschas, Schlangenbeschwörer, Tragküchen, Hausierer und Wasserverkäufer schieben sich – wie aus Bilderbogen geschnitten, durch die Gassen. Die Gesichter zeigen Hochglanzkopien aller Kontinente. Malaien, Mongolen, Chinesen, Hamiten, Anamiten, Araber, Neger, Kanaken, Japaner und Europäer ziehen um diesen breitgetretenen Turm von Babel. Alle Aufschriften sind vier- oder fünfsprachig. Aber die Welt Chinas gibt Akzent und herrschende Farbe. Das Schachtelwerk der Häuser gleicht dem Jux-Koffer eines Dummen August, in dem immer noch ein kleineres Gepäck im größeren eingezwängt ist. Ein Friseurladen ist in eine Fahrradhandlung abgeteilt ... Und die Fahrradhandlung besteht aus Kaffeehaus, Garküche, Goldschmiede, Wundarzt, Apotheke und Freudenhaus. Und vor der Fülle der Geschäfte übersieht man Ware und Kundschaft.

Im Schatten eines Torbogens essen wir in einer wandernden Chinesenküche zu Abend. Als Sitzgelegenheit sind am Boden Palmenmatten ausgebreitet, und zwei Holzstäbchen ersetzen Gabel, Messer und Löffel. Ich weiß jedes Insekt, das um die Ränder der Teller und Tassen krabbelte – aber das Menü selbst gab mir keine Vorstellung. Es war eine Melange aus Fisch, Fleisch und Krebsen, wovon das eine den Geschmack des anderen aufhob. Rundherum standen Näpfe und Schalen mit Gewürzen, die wie Hühneraugenabfall aussahen, wie Farben auf einer Palette serviert wurden und den tieferen Gehalt Asiens wiedergeben sollten. Zum Nachtisch stellte uns der Koch einen Korb voll schwarzer Würmer hin, deren Aussehen zwischen Tausendfüßlern und Kellerasseln schwankte. Sie lebten noch – ich warf mein Geld hin und entlief mit einem Druck im Magen. Franzi blieb – weil sie für das volle Menü zwanzig Pfennig bezahlt hatte. Ich fixierte zur Ablenkung vor einem Hausaltar einen vollgefressenen Buddha – und es währte lange, bis mir der Gedanke an die Würmer mit Krallen entschwunden war.

Tage und Nächte kamen und gingen. Wir badeten inmitten der Pfahldörfer, die nahe an der Stadt lagen – und wanderten zum Sultan von Johore aufs hinterindische Festland hinüber. Wir sahen von seinen Schätzen nur das Jagdzimmer, in dem die europäischen Herrscher ihre

Nippes als fürstliche Geschenke ablagerten. Ich bewunderte gerade einen Sechzehnender, der als Tintenfaß und Schreibzeughalter sinnreich umgearbeitet war – als ein vollbärtiger indischer Feldwebel mir das aufgepflanzte Bajonett vor den Bauch hielt. Der Zutritt war verboten.

Aber ich traf und sprach den Sultan später noch unten in der Stadt. »... alter Gauner, du verstehst dein Geschäft« sprach ich ihm ins Gesicht. Denn ich sah ihn als Postkarte, die im Schaufenster einer Souvenirhandlung hing. Und er lächelt mir als Antwort sultanisch dankend zurück – – –

Ich kaufte mir den Herrscher für fünf Cents aus dem Kasten. Und während ich in mein Hemd einen Patenthosenknopf eindrückte, schrieb meine Freundin auf das Brustbild: »... Der schönen Frau zu ewiger Erinnerung von Deinem Sultan Johore ...!«

Während der Nächte postierten wir uns vor dem Grandhotel und fingen mit vorgestellten Ohren die teuere Musik auf, wovon jeder Takt soviel wie fünf Bananen kostete. Die Gäste bemühten sich vornehm zu bleiben und tanzten durch 42 Grad Celsius die Schlager Großbritanniens. In den Pausen ließen sie sich in Rikschas von Kulis um den Tanzplatz fahren, um im Luftzug der Menschenkraft die Anstrengung des Fächelns zu umgehen.

Obwohl der Kautschuk im Preise fiel, krachten die Sektflaschen, und Franzi sagte: »... da fließt der Kaviar in Strömen ...«

In unserem »Hotel« verkleben wir vor jedem Schlaf die Löcher des Moskitoschleiers mit Leukoplast und fingen den zoologischen Garten zusammen. Von der Straße herauf klang das Schlürfen der Holzpantoffel und das Klappern der Bettler – und nach jedem schweißtriefenden Erwachen wußte ich, daß ich noch in Hinterindien war.

Am Morgen stand der Wirt im Hof, kratzte am Boden einigen Abfall zusammen und putzte sich damit die Zähne. Und jeden Tag lebten wir von trockenem Brot, Früchten und Tee. Und wenn der Magen wie ein Pudel knurrte, saugten wir als Dessert die hinterindische Wunderwelt in uns hinein, die voll war von Zauber, Malaria und Cholera – – –

Chinesisches Panoptikum

In Südchina geht eine gewohnte Welt unter und ein unfaßlicher Wandel beginnt.

Zuerst sah ich den östlichen Abend. Vor die Türen der Geschäftshäuser, Banken und Villen wurde eine hölzerne Liegestatt geschoben. Ein Kuli streckte sich über die Lumpen und verschloß mit seinem Leib das Haus. Der Mensch wird als Hund benützt, bewacht und beschützt und hat nur den einen Fehler, daß er nicht bellen kann. Dafür stehen aber die Kosten seiner Pflege hinter einem Schäferhund weit zurück ...

Die Weite eines Platzes ist mit offenen Lichtern übersät. Vom Dache eines Hauses herab wird das Leuchten zum nordischen Weihnachtsmarkt. Aber aus der Riksha-Perspektive löst sich das Bild in tausend wandernde Küchen, Freßbuden und unzählige Gruppen von Zeitungsvorlesern auf. Aus dem Geruch asiatischer Mahlzeiten steigen die letzten Nachrichten von Zusammenstößen, Überschwemmungen und Attentaten.

Der Vorleser trägt eine Brille und begleitet seine Worte mit fuchtelnden Gesten. Um seinen Mund bilden die Analphabeten enge Kreise, auf daß seine Rede vom Ma Chin San nicht zur Konkurrenz entschlüpfen kann, wo soeben von Wei Hai Wei gesprochen wird.

Nacht, Wort und Licht geben ein Unfaßbares, das auch in einzelnen Fetzen nicht begriffen wird. Und ich erlebe das Herrliche – in einem Lande zu leben – dessen Worte ich nicht verstehe. Es kann alles geschehen, und das Unheil könnte als Pestbazillus schon in die Nachtluft gelegt sein: Die Nähe geht als »Kiangsiningtschoutö« unbegriffen vorüber.

An der Ecke hat ein Buchhändler sein Lager auf dem Boden Asiens ausgelegt. Und es ist, als wäre über das gelbe Bütten ein Hühnerhof mit tintigen Füßen gelaufen und hätte die Spuren seiner Zehen als Weisheiten Laotses zurückgelassen. Wir blättern in verstaubten Bänden nicht einmal eine Ahnung heraus, ob wir ein Kochbuch oder ein Exerzierreglement in Händen halten. Um jedes Schriftbild ist eine chinesische Mauer gelegt, die Zutritt an den Sinn verwehrt. Aus jedem Buch fällt eine Insektensammlung, die zwischen den Seiten brütet und dem Geist des Ostens wenigstens räumlich nahe ist.

Ein Ausrufer hat einen Stand mit Zähnen und Knochen geziert. Und daß seine Salbe Wunder tut, beweist er damit, daß er sich mit einem rostigen Küchenmesser in den eigenen Leib schneidet. Die Salbe hilft gegen Schlangenbisse, Skorpionstiche und böse Geister. Wenn der Wunderarzt seinen Laden schließt, gleicht er einem Standbild des heiligen Sebastian, der aus tausend Wunden blutet.

Der Pater auf Hainan war ein Stück asiatisches Schicksal. Vor dreißig Jahren zog er als Deutscher aus Straßburg aus. Ein Tal in den Vogesen war ihm Heimat. Und da er jetzt nach so vielen Jahren

Mission in sein Tal zurückkehrt, ist er Franzose geworden. Wie ein Stromdelta fließt sein Vollbart über seinen Leib hin. Zweimal hatte er diesen Bart als Prachtexemplar verkauft und wieder zu alter Herrlichkeit nachwachsen lassen. Er war sein eigener Acker, von dem er drei Ernten gewann und an Liebhaber für einige Pfund Sterling verkaufte.

Aus den verschiedenen Gegenden Südchinas holte er sich sechs Schlangenbisse und über zwanzig Tropenkrankheiten. Achtmal hatte er mit dem Leben abgeschlossen, und beim letzten Schwarzwasserfieber fühlte er die letzte Kraft – mild wie Öl – aus den Poren seines Körpers fließen. Und als er jetzt, nach so vielen Jahren, zu Besuch gen Europa fahren wollte, hatten die Ameisen in seiner Hütte Paß und Reisepapiere aufgefressen ...

Wo der Lärm am größten ist, da ist chinesisches Theater am nächsten. Der Saal gleicht einem vollgepfropften Koffer. Die Besucher hocken lautlos vor ihrer Tasse Tee, und die Musik zur Seite der Bühne übernimmt allein die Höllengeräusche. Auf dem Podium sitzen die Darsteller auf Stühlen, sprechen zwischen die Musik und fächeln sich. Männer kämpfen mit Speeren. Eine Tänzerin umspringt eine Gruppe mit einer Peitsche. Stundenlang geht der Dialog, Prinzessinnen stehen auf und setzen sich nieder, Stimme und Geste ersetzen die Wucht der Handlung. Das Getöse der Tschinellen, Pfeifen und Trommeln gibt Stichworte zu neuen Reden und ist Souffleur, der die Darsteller überschreit. Die Musik bestimmt das Tempo und mischt zwischen Frage und Antwort ein Donnerwetter. Kein Vorhang fällt, keine Szene wird gewechselt, und die Zeit springt durch eine Rede um Jahrzehnte nach vorne.

Vier Stunden sitzen wir vor diesem Drama. Und wann wir jetzt erst gekommen wären, hätten wir noch nichts an Handlung versäumt. Immer wieder wirft ein Boy drei Finger voll Kraut in meine Tasse, gießt heißes Wasser darüber und benützt eine zweite Tasse als Deckel. Der chinesische Tee hat nicht einmal die Farbe mit jenem Getränk gemeinsam, das wir mit diesem Namen bezeichnen. Er schmeckt wie Schwitztee und besitzt pro Kilo einen Preis von einigen Cents bis zweihundert Dollars ...

Um Mitternacht hat das Stück noch kein Ende gefunden. – Und vielleicht währt es so lange, weil die chinesische Bühne keinen Vorhang besitzt, der diesem Drama den Todesstoß versetzen könnte ...

Und in den Tempeln Chinas wurden wir zu Luftballons, die über dem Boden schwebten und nur mit einem Faden auf der Erde befestigt waren. Wir fühlten uns nicht mehr in dieser Welt und konnten von Figuren und Köpfen. Nach dem Geringsten dieser Armen würde sich ein europäisches Kaffeehaus die Hälse verrenken. Und die Kapelle könnte aus dem Takt fallen – so die Schönheit von Ceylon durchs Lokal ginge. Hier liegt sie im Kehricht und kaut Betel …

Aus dem Dunkel eines Tempels kommt Opferrauch und leiser Paukenschlag. Türhüter bewachen den Eingang. Stoßweise fallen die Gebete – wie Bauern aus dem Wirtshaus – auf die offene Straße. Der Schaffner ist wie ein kommandierender General uniformiert und müßte nach der Zahl seiner Dienstzeichen statt Fahrscheine, die Pläne zu Schlachten verteilen.

Während ich einen Fakir betrachte, der sich gegen Almosen ein raffiniertes Nadelarrangement in die Brust sticht, nimmt mir ein Inder von hinten den Tropenhelm vom Kopf und fächelt mir damit einige Kühle ins Gesicht. Und am Ende muß ich nach vorne und rückwärts bezahlen.

In den Bazargassen ist alles Sein in Handel aufgelöst. Im Hintergrund des Raumes sitzt der Händler auf dem Ladentisch und wedelt sich die Fliegen aus dem Vollbart. Von zehn Rupien wird auf eine halbe Rupie herabgefeilscht, und der Shawl ist noch immer überzahlt.

Am Fruchtmarkt kugeln Ananas, Mangas und Kinder durcheinander. Wachsen und Vergehen wird in Indien wie nirgends auf der Erde handgreifliche Plastik. Ceylon ist nichts als orgiastischer Garten – und darüber kreist der Totenvogel.

Von früh bis nachts verfolgt uns ein Rudel Männer, Frauen und Kinder, die sich scheinbar für diesen Tag keine andere Arbeit vorgenommen haben. Und vor einem Eingeborenenkaffeehaus wächst der Zug zur Volksversammlung an.

Und weite Wiesen gibt es, auf denen nur gezaubert wird, wo Fakire epidemisch auftreten und die Giftschlangen um die Wette tanzen.

Händler werfen die Pracht ihrer Karren auf den Boden und schreien sie wie kleine Königreiche aus. Wahrsager schauen tiefer als die englische Regierung in die Zukunft, und einer Globetrotterin aus Melbourne wird die Handtasche mit dreißig Pfund gestohlen. Zum Glück ist an diesem Tag das australische Geld um einige Cents gefallen…

Auf dem Kelanifluß, der lehmig durch die Wucherung des Landes zieht, schwimmen die Barken aus Bambus. Eine Palmenparade neigt sich über das Träge des Wassers, in dem Zebus und Elefanten baden. Die Hindus waschen ihre Tiere und schütten mit Kübeln die Kühle über die brennenden Häupter.

in die himmlische nicht aufsteigen. Hier entrückt – und im Jenseits noch nicht angekommen, so gingen wir von Altar zu Altar, erlebten Buddhas zwischen grinsenden Dämonen und erzürnten Heiligen. Bonzen schritten durch Wolken von Räucherkerzen, und die Tempelmusik verfiel in epileptische Anfälle.

Wir empfanden weder religiöse noch irdische Gefühle – und ich sah mich in die Bewußtseinslage einer spiritistischen Materialisation gebracht, die gegen Honorar unterm Tisch Klopfgeister mimen mußte. Drachen, Tiger, Pfauen und Fabeltiere sprangen in Bronze und Stein aus den Ecken hervor und sollten den Übergang ins Jenseits erleichtern. Meine Geistesschaltung war dorthin am besten Wege. Da bot mir ein Mönch seinen Kittel gegen eine Leihgebühr von drei Dollars zur Gruppenfotografie an – und ich schnellte wieder ins Diesseits des Bargeldes zurück. Und alle Götter, Heilige und Dämonen wurden zu kostümierten Hotelportiers.

Die chinesischen Tempel sind Wunder und Sparkassen zugleich. Und die Diener der Götter leben von ihnen – indes die Heiligen auf den Altären verstauben und modern – – –

Wunder auf Ceylon

Während im nördlichen Europa die Winterfenster gereinigt werden, ein Bürodiener drei Stück Briketts in den Ofen wirft und ein erfrorener Vogel in den Schnee fällt – fahren wir den Wundern Ceylons entgegen.

Im Hafen von Colombo sind die Straßen mit Elend drapiert. Auf den Stufen eines Hindutempels nimmt ein Blinder abwechselnd seine Augäpfel aus den Höhlen und zeigt sie wie Früchte. Hausierer werden zu Moskiten und bieten Gebetskränze, Affen, Edelsteine und Lepra an. Ein tüchtiger Händler offeriert uns einen Korb Holzkohlen.

Am Arzneimarkt hängen Heilwurzeln und Wunderkräuter von den Buden herab. Wolken von Gewürzen heben sich in ihren Gerüchen gegenseitig wieder auf, und die Luft ist mit unbestimmbarer Narkose erfüllt, die alle Schleimhäute reizt. Und wir niesen uns durch das Gassengewirr von Pettah hindurch. Der Weg wird zur Darmverschlingung, durch die sich der Inhalt einer Arche Noah hinzieht.

Die Zugtiere sind tätowiert. Im Rinnstein sitzen Herrlichkeiten

Im tropischen Aufruhr nistet ein buddhistisches Kloster. Kahlgeschoren und in orangegelbem Mönchsgewand schreiten die Priester zum kleinen Tempel. Sie streifen die Sandalen von den Füßen und schmücken die Gestalt des Erleuchteten mit den Blumen des Landes. Aus ihrem Gang ist alle Hast fortgetragen. Sie nehmen weder Geld noch Händedruck meiner Reisekameradin. Alle Priester ähneln dem Meister ihrer Lehre, und das Lächeln aus der Landschaft ihres Gesichtes kündet von Überwindungen. Hinter dieser Hirnschale geht das Denken ewig den achtfachen Pfad und mündet immer wieder in der Sackgasse der vier edlen Wahrheiten. Und – »Geh' an der Welt vorüber – sie ist nichts« ist in das Schreiten ihrer Füße gelegt.

Süßlicher Geruch strömt aus dem kleinen Haus und mahnt durch welkende Blüten an Verwesung aller Pracht und Herrlichkeit. Und wo viele Blüten sind, da ist viel Vergänglichkeit und wo keine Blüte ist, da ist auch keine Vergänglichkeit. Also ist es mit allem Leben der Welt bestellt – und darum nehmen diese Mönche ihre Zuflucht zum Buddha, zur Lehre und zur Gemeinde.

Wir sitzen unter Mangobäumen im Garten des Klosters. Keines versteht des anderen Worte. Die Mönche lächeln, und wir nicken in diese Frage hinein. Aus Verlegenheit packe ich einen neuen Film in meinen Kasten, spitze den Bleistift und rauche eine Zigarette. Und die Mönche sehen mir zu, wie man Dinge betrachtet, die zum Überflüssigsten gehören. Zum Erlangen ihrer Seligkeit brauchen sie keine Momentaufnahmen, gespitzte Bleistifte und Nikotin. Ihre Lehre muß gelebt werden, die Natur des Landes erleichtert den Weg – und wenn das irdische Nirwana erreicht wird, ist der Sprung durch den Tod ein kleiner Schritt in die ewige Erlösung ...

Auf dem Wege nach Kandy sah ich in den Wald gebetet eine kleine Kapelle. Und hier traf ich nochmals auf den Buddha. Er war aus Holz geschnitzt und schlief. Vor seinem Schlafe war ein Gefäß mit Reis aufgestellt – auf daß der Erleuchtete nicht hungern müsse, so er plötzlich erwachen würde. Insekten umkrabbelten den ruhenden Leib. Und solange die Tiere in den Falten seines Gewandes hausen, wird er alle Bewegung in sich zurückhalten und nicht erwachen – damit kein lebendes Wesen Schaden leide.

Vielleicht träumt er von ewiger Regenzeit, in der alle Wanderung den Tieren am Weg gefährlich ist ... Er schläft weiter, und das ist sein Wunder ... Nichts als Summen und Surren ist um den Schlafenden gelegt. Und als der Boy das Auto anspringen läßt, empfinde ich die Geräusche des Motors als Flüche ... und die heilige Stille ist wie mit Glasscherben zerschnitten.

Oben in Kandy wird neben dem Baum des Lebens auch der heilige Zahn Buddhas gezeigt. Er hat eine Länge von fünf Zentimetern, genießt bei den Eingeborenen als Reliquie höchste Verehrung und zieht den Strom der Touristen an.

Aber näher fühle ich mich dem Geheimnis der Lehre beim fliegenumsäumten Buddha, dessen Schlaf mich tiefer packte, als ein fingerlanger gefälschter Backenzahn. Und wenn ich an Ceylon denke, schiebt sich aus dem Gewirr von Büffetwagen, Tropenprotzen und Luxuslimousinen das Wunder vom schlafenden Buddha im Walde – – –

Zwei Lotosblätter werden zu gefalteten Händen. Die aber beten durch allen irdischen Wandel: »Möge es allen Wesen wohlergehen ...!«

Die Schreckensnacht von Djibouti

Nordostmonsun fegte über den Indischen Ozean. Und spanische Nebel spritzten über das Promenadedeck.

Und da Cap Guardafui als östliche Spitze Afrikas aus dem Dunst des Mittags stieg, stellten sich die Kenner und Ahnungsvollen gegen die Dünung und vollführten Lungenzüge auf Vorrat. Sie hamsterten Kühle für eine Woche in Heißglut.

Wüstengebirge stieg senkrecht aus dem Schwarzblau der See und die Hoffnungslosigkeit der Somaliküste blendete grellgelb. Der Wind verkroch sich hinter den Bergen, die letzten Wellen versanken in die Tiefe, und durch die Spiegelglätte zogen schwarze Dreiecke. Wir fuhren im Golf von Aden, dem Spielplatz vieler Haifischfamilien. Und die Reise bis Suez ist nichts als ein Weg durch die Hölle – Anfang und Ende des Schreckens.

»... In Aden kam vor zwei Monaten ein Schiff mit über dreißig Toten an. Eine Seuche brach im Glutkessel dieses Golfes aus ...« erzählte der Oberkoch. » – – – und auf der letzten Reise sprang ein Ehepaar Erster Klasse über Bord ... Hitzschlag oder Tropenkoller ...« berichtete der Kammersteward. ».... im Roten Meer wurde ein Obermaat verrückt und schlug dem Funker den Schädel ein ...« erfuhren wir vom Friseur ...

Und das Thermometer steigt wie Hochwasser an. Zwei Heizer wurden am nächsten Tag aus dem Kesselraum gezogen. Mit Kognak stiegen sie wieder in ihr Inferno hinab.

In der Tadjourbai kam ein Sandsturm auf. Die Sonne verwandelte sich in eine Zitrone. Wolkenwände zogen nach oben. Wind pfiff Sandböen über die Decks. Zwischen den Zähnen knirschte es. Es regnete, goß und schüttete Sand ... Der Barsteward wedelte den Staub von Flaschen und Gläsern. Der Tag wurde zur Nacht ...

In der Tadjourbai hielt der Kasten auf offener Reede. Drüben lag weiß und heiß Djibouti. Die Stadt erwacht am Abend und lebt in der Nacht.

Am Abend stieg in mir das Fieber, hastig wie an einer Treppe, herauf. Ich schluckte Schwitzpulver und warf mich in die Koje. Der Steward schloß das Bullauge, da für die Nacht über Kohlenbunkern angesagt war. Ich versuchte zu schlafen. Aber Schlepper heulten nach Passagieren zur Überfahrt. Krane rasselten, und die schwebende Ladung schlug gegen die Schiffswand. Boden und Decke meiner Kammer dröhnten.

Immer wieder drehte ich das Licht auf und ab. Moskiten sangen mir um die Ohren Malarialieder. Aber die Insektenspritze lag im Koffer – und der Koffer stand unterm Bett – und der Weg vom Kopfkissen bis zu diesem Gepäck schien mir weiter als die Reise von Australien nach Singapore.

Ich wagte nicht, meine Temperatur zu messen. Sie kletterte durch den Körper wie auf einen Berg.

Die Atemluft glich trockenen Semmelbrocken. Zwischen den Wänden der Kammer wurde sie zu einem einzigen, festen Ballen, wie Sisal, verpackt. Sie konnte eingehen, aber nicht mehr abgegeben werden. Ich ließ mich aus dem Bett fallen, zog mich zum Bullauge und riß es auf. Draußen tanzte Malaria, in der Kammer Malaria und vielleicht schon im Blut Malaria ...!

Und der Durst wuchs wie Großfeuer an. Ich klingelte, polterte und schrie nach Boy und Steward ... Aber Passagiere und Mannschaften waren an Land und Deck. Nur drüben, aus der Kammer 49, stöhnte ein schwerer Fall. Durch besondere ärztliche Erlaubnis wollte man ihn in seiner Kabine sterben lassen. Er hatte Empfehlungen von der Reederei, und die wirkten bis in den Tod.

Draußen sprudelte Kesselwasser aus der Schiffswand. Um nicht verrückt zu werden, stellte ich mir einen Schluck Wasser nur tropfenweise vor. Und in Gedanken ließ ich es aus einem Medizinglas auf meine Zunge fallen ...

Drüben funkelten die Lichter von Djibouti. Um die Stadt brannten die Hüttenfeuer der Somali. Ich beschloß, die Schiffsbar zu stürmen und brach an der Kabinentüre zusammen. Mein Blick fiel aufs Gurgelglas. Das Wasser in der Karaffe war suppenwarm ... ich drückte Zahnpasta hinein und stürzte es als Limonade in die Kehle ... Und der letzte Tropfen Wasser in der Kabine war vertan. Es war zwei Uhr nachts. An meiner Stirne konnte man sich die Finger verbrennen ... ich legte mich wieder ins Bett ... klingelte ... drehte das Licht ab ... schloß das Bullauge vor dem Donnerwetter der Krane ... schlug an die Wand ... drehte das Licht an ...

Drüben lag Djibouti – – – Auf dem Menelikplatz wird Wasser in die Kühler der Autos gegossen ... vorbei an meinen aufgesprungenen Lippen ... Liter um Liter in die Kühler ... weil eine Saufgesellschaft den Einfall hatte, in die Oase hinauszufahren ... die ganze Nacht wird ihnen zum Ventilator ... und in der Oase tanzen Frauen aus Adis Abeba wie Mücken ... durch meine Gehirnwindungen tanzen Malaria, Malariamädchen ... Malarianegerinnen ... Oder Negerinnen mit Nabelbrüchen ... ich werde meine Katze daheim »Malaria« taufen und ihr ein silbernes Glöckchen umbinden ... das läutet, explodiert ... draußen liegt der Krakatau, an dem ich vor Monaten vorbeifuhr ... oder die Ladeketten sind gerissen und die Fracht stürzte – schon schwebend – in den Schlepper zurück ... Menschen schreien, heulen ... nur die Toten sind still ... ohne Fieber und Durst ... Ein Ballen Rindshäute hat zwei Boys erschlagen ... und jetzt muß die Autopartie in der Oase angekommen sein ... muß der Morgen aus Bai Tadjoura aufsteigen ...

Und ich denke nördlich ... die Heimat liegt noch immer am Ende der Welt ... aber ganz nahe ist Bab el Mandeb, wo Afrika und Asien zu einer Enge zusammentreten ... Bab el Mandeb – das Tor der Tränen – Und der Fluch des Seemanns ... hier beginnt das Rote Meer ... An seinem Eingang steht der Schrecken ... zuweilen die Krise zwischen Leben und Tod ... hier brechen die Krankheiten der Tropen aus ... Bab el Mandeb ist der siebte Tag ... Das Entweder-Oder ... Von Bab el Mandeb gehen durch Funk die Todeskunden in die Vater- und Mutterländer. Heute noch fahren wir durch dies Tor der Tränen – – –

Die Sonne hängt über Djibouti wie ein vergilbter Strohhut. Und der Himmel ist glasig ... Stundenlang schwimmen junge Somalineger um das Schiff und tauchen nach Pfennigwerten ...

»Hooo ... ho ... hooo ... ho ... hoooo ...« Ihr ununterbrochener Schrei soll die Haie vertreiben – –

Wir ziehen den Anker ... Die Flaggen fallen und mein Fieber steigt. Am anderen Morgen heben sich Backbord und Steuerbord felsige Brocken aus der Flut ... Arabien und Somaliland schicken sich gegenseitig ihre Küsten entgegen ... Sand, Feld, Stein ohne Halm, Strauch und Vogelruf ... Bab el Mandeb ...!

Plötzlich dachte ich an mein Fieber ... es war wie ein Papierschiff gesunken ...

Draußen vor dem Speisesaal standen flüsternde Gruppen. Ein Missionar aus Ostasien deutete nach der Kabine 49 ... Es roch nach Essig – und eine Stunde später trug der Zimmermann einige Bretter in seine Werkstätte ... Über das Rote Meer hin wehte eine kleine Fahne auf Halbmast – – –

Wir hatten den Wind mittschiffs, und die Flagge wehte von hinten nach vorne –

Die Nacht von Djibouti war schon tief im Süden, und das Tor der Tränen hatte sich hinter uns im Dunstkreis zweier Wüsten geschlossen –

Und jede Schraubendrehung brachte uns dem Norden näher. Wir ahnten die Heimat – – –

Epilog

In der kleinen Stadt

Die kugelrunde Welt ist umkreist.
Achtundfünfzig erlebte Länder sind als Stockschilder an die Gehirnschublade genagelt.

Und wo erträumte Paradiese in Wirklichkeit zu Höllen wurden, da geschah es, daß ein Rettendes alles Unzulängliche zu einer seltsamen Fata morgana umwandelte. Ich sah mitten in Siedehitzen, schlaflosen Nächten und Fieberstunden, ein Fensterbrett mit Geranienstöcken. Weitab blickten über eine Kegelbahn Kastanienbäume, und Bauern lachten aus einer Tafernwirtschaft. Weit in der Ferne lag abendstill ein Marktplatz. Aus derb kleinen Läden roch es nach Wagenschmiere, Schürzenstoff und Wachstuch ...

Und in solchen Augenblicken tat ich einen Schwur, ein Gelübde:
»--- Die nächste große Reise unternehme ich in eine kleine Stadt, in die Heimatstadt ...!«

Diese Fahrt soll der Schlußpunkt zu dem Satz jener sterbenden Frau werden: »... die Welt ist schön ...!«

Und ein tiefer Sinn liegt in allem Versprechen – man muß es halten.

Eines Morgens schlägt mir und Franzi das heimatliche Flachland den ersten Wellenschlag seiner Wälder entgegen.

Und jenseits von Roggen, Höhe, Klee und Reh – liegt die kleine Stadt.

Am Bahnhof hängt der Vorstand den neuen Wetterbericht »Veränderlich« aus, die Frau Apotheker steht auf der automatischen Personenwaage und liest achtundneunzig Kilo ab – und die Handarbeitslehrerin pumpt im Schatten eines Baumes ihr Fahrrad auf.

Bahnhofstraßen sind nur die Hosenträger, durch die Kleinstädte an die Außenwelt gehängt worden. Häßlich und nützlich wie gußeiserne Gartenzäune ...

Aber da steht ein Tor wie das offene Herz eines dicken Menschen, der alles gutmütig in sich aufnimmt. Und obgleich links und rechts die einstigen Mauern fehlen, geht man immer durch die weiten Bögen nur um den »Eingang« wahrhaftig erlebt zu haben.

Jetzt stehen wir vor der »Handlung« – ausgeübt von Maria Irrgang. – Und ein Auslagfenster in der Kleinstadt ist nichts als das

Bilderbuch einer weiten Kindheit. Irgendwie ist jeder einmal in diese Welt aus Glanzblech, Wasserfarbe und Staniolpapier versenkt worden. Viele haben ihre Nasen an diese Scheiben gepreßt und noch im Traum die Feder der Fünfundneunzig-Pfennig-Lokomotive ablaufen hören ...

An der Türe sonnt sich ANDREAS HOFER zwischen Gletscher und Feigenkaffee, und auf einem Tabakplakat raucht eine Haremsschöne Tag und Nacht an der gleichen Zigarette ...

Von oben herab hängt eine Serie farbiger Postkarten, auf denen in Versform ein Menschenleben von der Wiege bis zum Grabe dargestellt ist. Wir sagen »Kitsch« und entfernen uns von den Tränen, die auf diese kolorierten Tatsachen geweint werden, wenn sie der Empfänger aus dem Briefkasten seiner Haustüre zieht. Versenkung genug für einen Tag ...!

Aber da stehen sechs Kruzifixe in verschiedenen Größen und Preislagen. Auf gelben Kreuzen hängt gipsweiß der Leib des Herrn. Wir verfolgen diese sonderbare Ware bis in die Fabrik – und treffen auf einen alten Arbeiter, der schon seit zwanzig Jahren im Akkord Christus ans Kreuz nageln muß ... Nun liegen die Kreuze auf ihrer letzten Station in dieser Auslage – und warten auf Hände, die sich ihnen mit den Bitten des Vaterunsers entgegenfalten.

Und dieser Laden läßt uns nicht los. Ihm gelingt, was kreisende Leuchttürme und stechende Scheinwerfer vergebens versuchten: Er zieht uns zu sich hinüber. Verkleinert liegt hinter seinem Schaufenster nochmals die kleine Stadt eingeschachtelt. Und alle haben wir in ihr einen Kleingarten voll Seele aufgebaut – und seien es ein drehender Kreisel im Schulhof, eine Tante mit Zwetschgenkuchen oder eine Sommernacht im Garten des Schimmelwirts. Und das zerrt und lockt tiefer in ihr Gemäuer ...!

Der große Platz am Feuerhaus hält Markt.

Die Seitengassen sind mit Bauernwagen verschoppt.

Hausschürzen wehen von den Verkaufsständen. Taschentücher mit dem aufgedruckten Leidensweg König Ludwigs II. liegen neben Meterstab und Aluminiumtopf ausgebreitet. Um Schokoladetafeln und Hustenzucker summen einige Bienen, und ein »Billiger Jakob« schleudert seine Preise bis zur Kirchturmspitze empor.

Vor dem Rathaus tanzt ein Karussell – und Elefant, Schwein und Schwan werfen ihre Schatten gewichtslos bis zur Heuwaage hinüber. Die Zeit mit EISENBETON, Weltrekord und Kraftprotzen schnellt um zwanzig Kalenderlängen zurück. Die Bilder der Jugend werden zu Wirklichkeiten des Alters.

Und da: »Urwaldpanorama – Das Grauen der Dschungeln«. Alles lebend für zehn Pfennige Entrée. Eine Schildkröte, deren Größe für zwei Teller Suppen ausreicht, schläft in einer Zigarrenkiste, und Kenner behaupten, daß sie aus Blech sei. Ein Papagei frißt an einer Laugenbrezel, und zwei Ringelnattern und eine weiße Maus verhelfen dem Urwald seine Schrecken zu erhöhen. Mehr Tragik riß keine Wildnis auf, und tiefere Versenkung gab kein Dschungel Hinterindiens – –

Abseits des Marktes sehen wir über das Wiegen der Kastanienblüten durch die Fenster. Ein Muschelaufsatz, der Weihbrunnen, Salzgurken auf dem Kleiderschrank, ein messinger Feuerwehrhelm auf den Zacken eines Hirschgeweihs und die goldenen Ränder alter Kaffeetassen runden eine Welt, die Wolkenkratzer übertürmt. Über einem Zeitungsblatt liegt die Brille und liest für sich weiter, daß gestern Nacht im Wollgraben eine Handtasche mit drei Briefmarken Inhalt gefunden wurde ... Über dem Laib Brot hängt ein Öldruck, auf dem ein Bauer seit dreißig Jahren Zahnweh hat – und aus der Ecke segnet der Heilige Aloisius mit abgebrochenen Fingern eine Katze, die zu seinen Füßen mit Wattepfropfen spielt, die dem Hausherrn aus den Ohren gefallen sind – – –

Entweder steht hier alle Zeit still oder sie zerplatzt im nächsten Augenblick vor innerer Ruhe.

An der Tafernwirtschaft »Zur blauen Stiege« klebt die Kellnerin ein knallrotes Plakat an die Tore. Heute große Abschiedsfeier ...!«

Der Schlosser Pauli und Reiter Toni wandern morgen nach Argentinien aus. Sie haben sich ein paar Tausender zusammengespart – und wollen damit Millionäre werden. Die ganze Stadt hat ihre Pässe und Schiffskarten sehen dürfen, seit drei Tagen schlafen sie vor Freude keine Nacht mehr, und der Gesangverein hat zur Steigerung des Jubels einen Banzen Sommerbier gestiftet.

Drüben, hinter der Pfarrkirche – wo der Bach wie ein stilles Gebet vorbeifließt, steht das Haus, das den einen Punkt der Geraden bildet, die in der Steppe Südamerikas endet. Bisher kamen die Zwei nur auf Fahrradweiten in die Welt hinaus. Vor ihrem Fenster schnitt eine Wäscheleine den Himmel in zwei Teile, und die Kirschkerne fielen vom Mund weg direkt in den Bach. Und der buchene Holzstoß vor der Türe nahm seit dreißig Jahren im Winter ab und im Sommer zu.

Ja, Ende Februar gab er so viel Aussicht frei, daß man bis zur Brücke vorsehen konnte, wo der Schmied seine Reifen im Wasser kühlt – –

Morgen aber fahren die Auswanderer ab, und alle schöne Sicht wird wie weggehobelt sein. Der Holzstoß wächst und wird kleiner ohne sie – und bald muß ihre Sehnsucht ihn in den Himmel Argentiniens aufbäumen lassen. Denn solche Winkel, die als Altäre für ein Menschenleben von Gott selbst aufgestellt wurden, verläßt keine Seele ohne Riß ...

Und Wunden gibt es, die ewig bluten ...!

Zwischen Kaffeegeruch und eine Viertelportion Mond ist nichts als ein Strang Telegraphendrähte in die Nacht liniert. Damit werden zwei Weltstädte verbunden – und während unter dem Draht die Bettzipfel in den Träumen zu Schneebergen anwachsen und der Mesner den Grenadiermarsch in seinen leeren Maßkrug singt, daß es wie aus einer Orgel dröhnt – während all dem rennen darüber im Draht Eisenbahnkatastrophen, Autobestellungen, Aktienfälle, Bankkrache, Boxkämpfe, die Nummer des Großen Loses und eine durchgefallene Premiere von Kulturzentrum zu Kulturzentrum ...

Ich liege beim »Oberwirt«, die Betten riechen nach Wiesen, die Laubsägeuhr schlägt wie ein Kinderherz und die geblumte Tapete fängt an zu blühen ...

Und das wird vor dem Einschlafen mein letzter Gedanke: Das Herz der Welt aber schlägt in der Heimat. Hier ist die Erde am tiefsten, der Himmel am höchsten – und den Bildern Gottes am nächsten.

DER ERNST-HOFERICHTER PREIS

Jedes Jahr am 19. Januar wird mit der Verleihung der Ernst-Hoferichter-Preise der Geburtstag dieses weitgereisten urmünchner Schriftstellers (1895–1966) auf besondere Weise begangen. Im Jahr 2000 wurde das 25jährige Jubiläum des Preises gefeiert. 67 Schriftsteller, Journalisten, Kabarettisten sind seit 1975 ausgezeichnet worden.

1975 hat der Stadtrat mit der Errichtung der Ernst-Hoferichter-Stiftung den Letzten Willen der Witwe von Ernst Hoferichter, Franzi Hoferichter, erfüllt: Mit dem Erbe der Hoferichters sollen künstlerisch qualifizierte freiberufliche Schriftsteller und Dichter gefördert werden. Für die Auswahl ist neben der künstlerischen Leistung bestimmend, daß die Preisträger wie Ernst Hoferichter Originalität mit Weltweite und Humor verbinden.

Dem Stiftungsbeirat, der über die Auswahl der Preisträger entscheidet, gehören neben dem jeweiligen Kulturreferenten der Stadt München und dem Direktor der Münchner Stadtbibliothek drei, seit 1995 vier literarische Freunde Hoferichters bzw. die von ihnen bestimmten Nachfolger an: Dies waren zunächst Rolf Flügel, Kurt Seeberger und Karl Ude; heute sind es Armin Eichholz, Brigitta Rambeck, Michael Skasa und Christian Ude.

Die Stadt München hat aus Anlaß des 25jährigen Jubiläums eine Broschüre mit allen Preisträgern zusammengestellt, die so zu einem ungewöhnlichen »Who is who« der Stadt München geworden ist.

Mit freundlicher Genehmigung des Kulturreferates wird die folgende Übersicht über die Preisträger in diesem Buch aufgenommen.

Ernst-Hoferichter-Preise
1975–2002

Carl Amery
Schriftsteller, Publizist; *1922 (München)
War Mitglied der Gruppe 47 und in der Zeit der Wende Präsident des PEN-Clubs (1989–1991). Als »scharfzüngiges, widerborstiges Original« und »konservativer Rebell« wurde er bezeichnet; als phantasievoller Erzähler und kritischer Essayist erweist er sich in seinen zahlreichen Buchveröffentlichungen. Aufgrund seines politischen und ökologischen Engagements ist er gefragter Kolumnist und Diskussionspartner für Presse und Fernsehen.

Isabella Nadolny
Schriftstellerin, Übersetzerin; *1917 (München)
Begann 1954 Feuilletons für Funk und Fernsehen zu schreiben und hatte bereits mit ihrem ersten Roman *Ein Baum wächst übers Dach* (1959) großen Erfolg. Schauplatz war das kleine Holzhaus am Chiemsee, wo sie heute noch lebt. Es folgten weitere, häufig autobiographisch geprägte Bücher, dazu zahlreiche Übersetzungen aus dem Englischen. Ihr Sohn Sten Nadolny ist ebenfalls Schriftsteller und Hoferichter-Preisträger (1995).

Eugen Roth
Schriftsteller, *1895 (München), † 1976 (München)
Der promovierte Germanist war bis 1933 Lokalredakteur der Münchner Neuesten Nachrichten. Danach schlug sich der virtuose Verskünstler als freier Schriftsteller durch, bis er mit seinen Gedichten (*Ein Mensch, Mensch und Unmensch, Eugen Roths Tierleben*) Auflagenmillionär wurde. Weniger bekannt sind seine Erzählungen, die ihm sehr wichtig waren.

Karl Spengler
Journalist, Publizist, Heimatforscher; *1901 (München), † 1976 (München)
Nach dem Zweiten Weltkrieg begann er als Redakteur beim Münchner Merkur. Schon bald genügte ihm diese Plattform nicht mehr zur Vermittlung seiner profunden Kenntnisse auf dem Gebiet der Monacensia und der Bavarica. In zahlreichen Büchern wie *Münchner Straßenbummel* oder *Von Bayern und Zugereisten* breitete er sein detailgenaues Wissen auf unterhaltsame Weise aus.

Karl Ude
Publizist, Kritiker, Feuilletonist, Essayist; *1906 (Düsseldorf),† 1997 (München)
1926 kam er nach München, wurde sofort und blieb lebenslang Schwabinger,

studierte bei Artur Kutscher, schrieb Novellen und mischte sich bald publizierend ins kulturelle Leben der Stadt ein. Nach dem Krieg wurde er Herausgeber der Monatsschrift *Welt und Wort* (25 Jahrgänge) und Redaktionsmitglied der Süddeutschen Zeitung. Für sie war er bis zuletzt kulturkritisch tätig und schrieb an die 700 Folgen des Münchner Kulturbummels.

ROLF FLÜGEL
Journalist, Schriftsteller; *1897 (München), † 1982 (München)
Peter Paul Althaus ernannte ihn, den »homo scribens monacensis« (Armin Eichholz), zu seinem Nachfolger als Bürgermeister der »Traumstadt«. Seit 1948 war er beim Münchner Merkur für bayerische und Münchner Sujets verantwortlich und veröffentlichte mehrere Bücher zu diesem Themenkreis. Ein Roman des leidenschaftlichen Schwabingers heißt *Adieu Bohème*.

ANTON SAILER
Maler, Publizist; *1903 (München), † 1987 (München)
Studierte an der Münchner Kunstakademie und war als Maler, Organisator (im Haus der Kunst) und Redakteur eine wichtige Persönlichkeit der Münchner Kunstszene. Als versierter Kenner der Kunstgeschichte und der bayerischen Historie veröffentlichte er zahlreiche Artikel und Bücher, u. a. über amüsante Alt-Münchner Skandale (Spectaculum).

MARTIN SPERR
Schauspieler, Dramatiker; *1944 (Steinberg/Niederbayern)
Nach ersten Engagements als Schauspieler begann er zu schreiben und wurde Mitte der 60er Jahre rasch berühmt mit seinen kritischen Volksstücken *Jagdszenen aus Niederbayern, Landshuter Erzählungen, Adele Spitzeder* u. a. Nach einem schweren Unfall setzte er vorwiegend seine schauspielerische Tätigkeit fort, vor allem am Volkstheater und in der Münchner Freien Szene.

HELLMUT VON CUBE
Schriftsteller; *1907 (Stuttgart), † 1979 (München)
Sein schriftstellerischer Erstling, das *Tierskizzenbüchlein* (1934) brachte ihm das Lob von Hermann Hesse ein. Nach 1945 schrieb und bearbeitete er Hörspiele, veröffentlichte Kinderbücher und Feuilletons. Bekannt wurde er mit seinen Geschichten von Herrn Polder und den sprachspielerischen *Mürßl-Marlino-Gedichten*.

EFFI HORN
Journalistin, Publizistin; *1906 (München), † 1998 (München)
Sie war Mitarbeiterin des Münchner Merkur seit seiner Gründung 1947 und blieb es weit über das Rentenalter hinaus. Fast sieben Jahrzehnte lang schrieb sie kompetent und engagiert für die verschiedensten Sparten des Feuilletons: über Film, Theater und Literatur, aber auch über Mode und andere Erscheinungen des Zeitgeists.

Wilhelm Lukas Kristl

Journalist, Publizist; *1903 (Landshut), † 1985 (München)
Er begann seine Karriere als Journalist u a.mit Filmkritiken, war mit Horváth befreundet, ging 1933 als Korrespondent nach Spanien und kam nach dem Krieg zurück nach München. Er veröffentlichte ein Buch über Spanien, widmete sich dann aber vorwiegend bayerischen Themen und Persönlichkeiten (O. v. Miller, O. Panizza, Emerenz Meier u.a.). Er war Mitbegründer des Tukan-Kreises und von 1972-79 »spiritus rector« des Seerosen-Kreises, gemeinsam mit E. G. Bleisch.

Franziska Bilek

Karikaturistin, Illustratorin; *1906 (München), † 1991 (München)
Die gelernte Graphikerin arbeitete 1936-1944 für das satirische Wochenblatt Simplicissimus. Ihr ironischer Scharfblick galt allerdings mehr den alltäglichen Schwächen der Spezies Mensch als den Wechselfällen der großen Politik. Mit ihrem Herrn Hirnbeiß, dem ständigen Begleiter der Abendzeitung, schuf sie ein unsterbliches Münchner Original.

Dieter Hildebrandt

Kabarettist, Schauspieler, Autor; *1927 (Bunzlau/Niederschlesien)
In dem Münchner Nachkriegskabarett »Die Kleine Freiheit« fing er an – als Platzanweiser. 1956 gründete er mit Sammy Drechsel die »Lach- und Schießgesellschaft«, auf deren Bühne er bis 1972 zu sehen war, und feierte dann im Duo mit Werner Schneyder Erfolge. Für ein breites Publikum wurde er durchs Fernsehen zum »Inbegriff des Kabarettisten« (mit *Notizen aus der Provinz* und *Scheibenwischer*).

Konstantin Wecker

Liedermacher, Sänger, Dichter; *1947 (München)
Er begann mit Solo-Auftritten auf Kleinkunstbühnen; es folgten die ersten LPs, die den engagierten Liedermacher mit Songs wie der *Ballade vom Willy* in den 70er Jahren rasch berühmt machten. Er ging auf Tournee mit Joan Baez, trat in seinem Kaffee Giesing auf, spielte zahlreiche LPs/CDs ein, schrieb Bühnen- und Filmkompositionen, veröffentlichte 13 Gedichtbände und spielte in Fernsehfilmen wie *Kir Royal* und *Ärzte*.

Peter de Mendelssohn

Schriftsteller, Journalist, Übersetzer; *1908 (München), † 1982 (München)
1929 ging er nach Berlin, um freier Schriftsteller zu werden. Er schrieb zahlreiche Romane, Erzählungen und Gedichte; nachhaltig berühmt wurde er jedoch als »Zauberlehrling des Zauberers«, als Biograph von Thomas Mann, mit dessen Kindern Erika und Klaus er befreundet war. Von den Nazis vertrieben, emigrierte er nach London. 1945 kehrte er zunächst nach Berlin und schließlich wieder in seine Heimatstadt zurück.

Gerhard Polt
Kabarettist, Schauspieler, Drehbuchautor, Regisseur; *1942 (München)
Als Kabarettist mit unverwechselbar bayerischem Zungenschlag karikiert er die gesellschaftlichen und politischen Zustände in Bayern und allgemein am Standort Deutschland. Seine Fernsehsketche *Fast wia im richtigen Leben* und die satirischen Theaterstücke und Filme *München leuchtet*, *Kehraus* und *Man spricht deutsh* machten ihn in ganz Deutschland berühmt.

Herbert Riehl-Heyse
Journalist, Publizist; *1940 (Altötting)
So schreiben können wie er – das wünschen sich (nicht nur) viele der Journalistenschüler, die er unterrichtet. Der studierte Jurist machte sich durch treffsichere Analysen und kritische Kommentare als politischer Redakteur der Süddeutschen Zeitung einen Namen. Seine Reportagen, Essays und Bücher, u.a. *Die Weihe des Ersatzkaisers* (1986) und *Ach, du mein Vaterland* (1998), brachten ihm zahlreiche Auszeichnungen ein.

Sarah Camp
Autorin, Kabarettistin, Schauspielerin, Regisseurin; *1946 (München)
1977 wurde die promovierte Germanistin mit ihrem Ein-Personen-Stück *Baukasten*, einer bayerischen Satire auf den Konsumzwang, über Nacht zum Münchner Kabarettereignis. Als Schauspielerin und Regisseurin arbeitet sie auch in anderen deutschen Städten und fürs Fernsehen; ihr zwanzigjähriges Bühnenjubiläum feierte sie mit ihrem Solo *Das Leben auf dem Mars* im Modernen Theater in München.

Armin Eichholz
Kritiker, Publizist, Autor; *1914 (Heidelberg)
1953 kam er zum Münchner Merkur, wo er über zwanzig Jahre lang das Feuilleton leitete und vor allem durch seine von Sprachwitz und Ironie sprühenden Theaterkritiken bekannt wurde (nachzulesen in den drei Bänden seines *Münchner Theatertagebuchs*). In späteren Jahren war er auch für andere Blätter kritisch tätig (v.a. für Die Welt). Seine meisterhaften Literaturparodien sind auch als Bücher erschienen (u.a. *In flagranti*, 1954, Neuaufl. 1990)

Hannes König
Maler, Bühnenbildner, Schriftsteller; *1908 (München), † 1989 (München)
Er war auf vielfältige Weise im Münchner Kulturleben präsent: malte Kulissen für das Deutsche Theater, organisierte Ausstellungen im Kunstpavillon des Alten Botanischen Gartens, initiierte die Münchner Volkssängerbühne und gehörte zu den Turmschreibern. Mit der Gründung des Valentin-Musäums im Isartorturm setzte er seinem Freund Karl Valentin ein Denkmal.

Jörg Hube
Schauspieler, Kabarettist, Autor, Regisseur; *1943 (Neuruppin/Brandenburg)
Nach seinen Anfängen als Sprecher beim ORF spielte er an verschiedenen

Münchner Theatern und wurde mit seinem Solokabarett *Herzkasperl* zum Begriff. Seit Jahren ist er vor allem in den Kammerspielen zu sehen (wo er 1991-93 auch als Leiter der Otto-Falckenberg-Schule tätig war) sowie in vielen Film- und Fernsehproduktionen, u.a. als Hauptdarsteller in der TV-Serie *Die Löwengrube*.

AUGUST KÜHN
Schriftsteller; *1936 (München), † 1996 (Unterwössen)
Der engagierte, streitbare Schriftsteller, der auch unter dem Pseudonym Rainer Zwing veröffentlichte, wuchs im Münchner Arbeiterviertel Schwanthalerhöh auf. Mit detailgenauen Geschichten aus diesem Milieu konnte er seine größten Erfolge feiern, insbesondere mit der Familienchronik *Zeit zum Aufstehen* (1975), die mit Franz Xaver Kroetz in der Hauptrolle verfilmt wurde.

KURT SEEBERGER
Schriftsteller, Journalist, Rundfunkpublizist; *1913 (Rockenhausen), † 1994 (München)
Der promovierte Zeitungswissenschaftler und Historiker war seit 1949 als Redakteur beim BR tätig, u.a. beim Zeitfunk. Zwei Jahrzehnte lang gestaltete er die Samstagssendung *Kreuz und quer zum Wochenend*, zuletzt unter dem Titel *Von Zeit zu Zeit*. In seinen Büchern behandelte er u.a. historisch-philosophische Themen; sein Lieblingssujet aber war seine Wahlheimat München (z.B. *Die schönste Stadt der Welt*, 1971).

»SIGI« (SIEGFRIED) SOMMER
Journalist, Schriftsteller; *1914 (München), † 1996 (München)
In den beiden Nachkriegsjahrzehnten schrieb er für die Süddeutsche Zeitung, später war er als Blasius der Spaziergänger aus München und der Abendzeitung nicht mehr wegzudenken. Auch mit seinen Romanen hatte er Erfolg: *Meine 99 Bräute* wurde zweimal verfilmt; die Vorstadtgeschichte *Und keiner weint mir nach* wurde in etliche Sprachen übersetzt und mit vielen Preisen bedacht. Ein Denkmal in der Rosenstraße erinnert an diesen urmünchnerischen Autor.

CARL BORRO SCHWERLA
Journalist, Dramatiker, Schriftsteller; *1903 (München), † 1986 (München)
Er gehört zu den weitgereisten und zugleich heimatverbundenen Münchner Schreibern. Er drehte Filme in Amerika, Japan und Afrika, arbeitete jahrzehntelang für den Bayerischen Rundfunk, schrieb Theater und Fernsehstücke sowie Hörspiele und Reportagen, die nicht selten seine außergewöhnlichen Reisen zum Inhalt hatten.

ERNST WENDT
Regisseur, Kritiker, Essayist; *1937 (Hannover), † 1986 (München)
Er war Redakteur der Zeitschrift *Theater heute* seit ihrer Gründung 1960; 1967 begann er die eigene Theaterarbeit: zunächst als Chefdramaturg am

Bayerischen Staatsschauspiel, dann in Hamburg und Berlin. 1973 kam er als Regisseur nach München zurück. In sieben fruchtbaren Jahren inszenierte er an den Kammerspielen »sperriges, beunruhigtes und beunruhigendes Theater« (H. Rischbieter).

PHILIP ARP
Schauspieler, Regisseur, Autor; *1929 (München), † 1986 (München)
1969 Jahre gründete er mit seiner Frau Anette Spola das TamS (Theater am Sozialamt) und führte dort die meisten seiner Valentinaden auf, »spinöse Dialogseiltänze zwischen Wahn und Witz« (M. Skasa). Er war ein Satiriker mit leisem und skurrilem Humor, der sich oft an der Sprache selbst entzündete, mit der Arp virtuos zu spielen verstand.

OLIVER HASSENCAMP
Kabarettist, Schriftsteller; *1921 (Rastatt), † 1988 (Waging)
Nach dem Krieg machte er mit Erich Kästner, Trude Kollmann und anderen das Kabarett *Die kleine Freiheit* ganz groß. Erfolgreich und populär wurde er als Roman-Schriftsteller (*Bekenntnisse eines möblierten Herrn*). Seine Jugendbücher über die Abenteuer auf Burg Schreckenstein machten ihn zum vielfachen Auflagenmillionär.

ELLIS KAUT
Schriftstellerin, Fotografin; *1920 Stuttgart
Sie hat den Pumuckl und seinen Meister Eder erfunden. Natürlich drängt der gewitzte Kobold alle anderen Geschöpfe ihrer Phantasie ein wenig in den Hintergrund wie z. B. den sprechenden Kater Musch und den klugen Esel Theobald. Auch als Fotografin hat sie mehrere Bücher veröffentlicht, u. a. *Der Nymphenburger Park* und *München zu jeder Jahreszeit*.

MARIANNE SÄGEBRECHT
Kabarettistin, Schauspielerin, Autorin; *1945 (Starnberg)
Auf Kleinkunstbühnen erprobte sie ihr schauspielerisches Talent und leitete in den 70er Jahren gleich mehrere der Künstlerlokale, in denen sie auftrat (Tatzelwurm, Mutti Bräu). Ihre Zusammenarbeit mit Percy Adlon (als Hauptdarstellerin u. a. in *Die Schaukel* und *Out of Rosenheim*) machte »die Amme der Münchner Subkultur« zum »Weltstar aus Bayern« (FAZ).

FRANZ XAVER KROETZ
Dramatiker, Regisseur, Schauspieler, Journalist; *1946 (München)
Er kommt vom Bauerntheater, für das er sein erstes Stück geschrieben hat. Mit über 50 Werken ist er einer der produktivsten deutschen Gegenwartsdramatiker und war zeitweise auch einer der meistgespielten. Viele seiner sozialkritischen Stücke inszenierte er selbst. Als Schauspieler wurde er vor allem in der Rolle des Klatschkolumnisten Baby Schimmerlos in der TV-Serie *Kir Royal* berühmt.

BIERMÖSL BLOSN
Christoph, Hans u. Michael Well, Liedermacher; *1959, 1953, 1958 (Günzelhofen)
Seit über 20 Jahren spielen und singen die Well-Brüder ihre weiß-blauen Volkslieder der ganz anderen Art: pointenreich, komisch und bitterböse. Mit ihren Platten/ CDs (z.B. *Welcome to Bavaria*) und Liederbüchern (zuletzt *Grüß Gott, mein Bayernland*) wurden sie in der ganzen Republik zum Inbegriff bayerischen Protests gegen Politikerwillkür und Volksverdummung.

»SIGI« (SIEGFRIED) ZIMMERSCHIED
Kabarettist, Autor; *1953 (Passau)
In seiner Heimatstadt begann er 1975 als Kabarettist mit Monologen und Szenen aus dem Panoptikum bayerischer Menschen, die er – Qualtinger oft ähnlich – wild und grell im Wort karikierte und ebenso kräftig spielte. Ganz ohne Fernsehauftritte wurde er weit über Bayern hinaus berühmt. 1994 kam sein erster Film *Schartl* in die Kinos, in dem er selbst Regie führte und spielte. In München sind Schlachthof und Hinterhoftheater seine Heimatbühnen.

HANNES BURGER
Journalist, Satiriker, Autor; *1937 (München)
Seit vielen Jahren ist er als politischer Journalist tätig (zunächst bei der SZ, dann für Die Welt), außerdem hat er sich als Wolpertinger- und Weißwurstforscher profiliert und als Meister des (Politiker-) Derbleckens. Letzteres praktiziert er seit 1982 u.a. in seinen Salvatorreden auf dem Nockherberg. Fürs Bayerische Fernsehen (und den Schauspieler Hans Brenner) schrieb er die Wochenendkommentare des Fernsehpförtners Alois Baierl *Nix für ungut*.

RACHEL SALAMANDER
Leiterin der Literaturhandlung, Publizistin; *1949 (Deggendorf)
Die promovierte Germanistin eröffnete 1982 in München die erste Fachbuch-handlung für Literatur zum Judentum. Die Literaturhandlung ist der Ausgangspunkt für mannigfaltige Veranstaltungen und Initiativen, mit denen Rachel Salamander »den Deutschen wieder ein Verständnis für die Vielgestaltigkeit des jüdischen Lebens und der jüdischen Literatur geben« möchte.

HERBERT SCHNEIDER
Journalist, Schriftsteller; *1922 (München)
Aufgewachsen ist er im Westend, auf der Schwanthalerhöh. 1950 kam er als Redakteur zum Münchner Merkur und wurde dort mit seiner Kolumne *Maßgeschneidert* zu einer weiß-blauen Institution. In der tz schrieb er Lokalglossen unter dem Titel *Der Schwager*. Seine mundartlichen Geschichten und Gedichte liegen in über 20 Büchern vor.

KLAUS PETER SCHREINER
Kabarettist, Autor; *1930 (Zweibrücken/Pfalz)
Seit den Anfängen der Lach- und Schießesellschaft war er als »Hausautor« dabei und schrieb später ein Buch über die Geschichte dieses berühmtesten Nachkriegskabaretts. Getextet hat er auch für Hörfunk, Fernsehen und Film; u.a. sind *Notizen aus der Provinz*, *Scheibenwischer* und 30 Folgen *Klimbim* von ihm mitgestaltet worden.

KARL HOCHE
Schriftsteller; *1936 (Schreckenstein/Böhmen)
Der gelernte Jurist verlegte sich schon bald aufs Schreiben von Parodien und Satiren. Stoff dafür liefern ihm die bundesrepublikanische Politik und Gesellschaft. Schon in den 70er Jahren lobte Armin Eichholz an den Texten dieses »Großverscheißerers unseres Sprachraums« vor allem »die Denunziation von Show-Routine, Talk-Tricks, Comic Strips und überhaupt: von eingespielten Methoden und Slogans der Publicity«.

HANNS-CHRISTIAN MÜLLER
Autor, Regisseur, Komponist, Musiker; *1949 (München)
Zusammen mit Gisela Schneeberger und Gerhard Polt ist er der dritte Part im bayerischen Satiriker-Trio. Schon bald wechselte er vom Darstellen zum Schreiben und Regieführen. So entstanden viele Bücher, Kinofilme (z. B. *Man spricht deutsch*) und Theaterproduktionen (Kammerspiele) wie *München leuchtet* oder *Diri-dari*. Seit 1998 ist er Intendant des Münchner Volkstheaters.

PONKIE
Kritikerin; *1926 (München)
Ponkie ist eine journalistische Institution. Ihre Film- und Fernsehkritiken, ihre Kommentare und Glossen, die sie seit rund 40 Jahren mit eigenwilliger Sprachfertigkeit, Witz und Präzision komponiert, sind für viele ein guter Grund, die Abendzeitung zu lesen.

GEORGE TABORI
Schauspieler, Regisseur, Schriftsteller; *1914 (Budapest)
1933 emigrierte er nach London, lebte und arbeitete dann als Drehbuchautor und Theaterregisseur in Hollywood und New York und kam 1969 nach Deutschland zurück. Hier wurde er in den folgenden Jahrzehnten zu einem der meistgefeierten und meistumstrittenen Regisseure und Autoren (er schrieb Romane, Essays und Dramen). In München inszenierte er von 1976 bis 1986 regelmäßig für die Kammerspiele, dann auch fürs Residenztheater.

WOLFGANG EBERT
Journalist, Satiriker, Schriftsteller; *1923 (Düsseldorf), † 1997 (München)
Die meisten kannten ihn aufgrund seiner bissigen und hintergründigen Kolumnen, die er in über dreißig Jahren für Die Zeit verfaßt hatte. Doch er arbeitete auch für Hörfunk, Theater und Fernsehen, schrieb Dramen, Kurz-

geschichten, Romane und eine Autobiographie mit dem Titel *Das Porzellan war so nervös* (1975).

Alexeij Sagerer

Schauspieler, Dramatiker, Regisseur, Filmemacher; *1944 (Plattling)
In dem von ihm 1969 gegründeten Schwabinger proT (»Prozessionstheater«) fanden bis 1982 die meisten seiner Theaterproduktionen statt. Multimedial präsentierte er Mundartcomics, mit denen er auch auf internationalen Festivals auftrat, und Großprojekte wie *Der Tieger von Äschnapur* (1977–1981) und das *Nibelungen & Deutschland Projekt* (1992–1998).

Michael Skasa

Kritiker, Autor; *1942 (Köln)
Aufgewachsen in Bayern, wurde er Theaterkritiker bei SZ und Theater heute sowie Mitarbeiter des BR Hörfunks, wo er die Sonntagsbeilage, »die beste Sendung des BR« (Applaus), entwickelte, die er selbst produziert. Außerdem verfaßte er für den Sender ein paar Dutzend große Porträts von Dichtern und historischen Personen und arbeitet daneben für die Zeit und den Spiegel.

Ernst Günther Bleisch

Journalist, Lyriker; *1914 (Breslau)
Kurz nach dem Krieg kam er nach München und wurde ein echter »Wahnmochinger« (Einwohner des künstlerischen Schwabing). Er war Mitarbeiter des Münchner Merkur und schrieb für den Bayerischen Rundfunk. Besondere Anerkennung fand der »Meisterschüler Georg Brittings« als Lyriker; mehrere Gedichtbände sind seit den 50er Jahren von ihm erschienen (u. a. *Zeit ohne Uhr*). Seit 1972 leitet er den traditionsreichen Seerosenkreis.

Karl Heinz Kramberg

Kritiker, Publizist, Autor; *1923 (Dortmund)
Er scheint belesen auf die Welt gekommen zu sein, wählte also den Beruf des Literaturkritikers und rezensiert seit Jahrzehnten Bücher für die Süddeutsche Zeitung. Trotz seines wahrhaft ländlichen Zweitwohnsitzes (Lappland) gilt er als »der Typ des raffinierten Literaten, mit zarter Vorliebe fürs Exklusive« (J. Kaiser).

Barbara Bronnen

Journalistin, Publizistin, Schriftstellerin; *1938 (Berlin)
Die promovierte Germanistin, die seit über 40 Jahren in München lebt, legte nach dokumentarischen Sachbüchern 1980 ihren ersten – autobiographischen – Roman *Die Tochter* vor (ihr Vater war der Schriftsteller Arnolt Bronnen). Seither hat sie zahlreiche belletristische und essayistische Bücher (zuletzt das literarische Doppelporträt *Karl Valentin – Liesl Karlstadt*) sowie Anthologien veröffentlicht. Sie schreibt auch für die Bühne und macht Dokumentarfilme.

BRUNO JONAS
Kabarettist, Schauspieler, Autor; *1952 (Passau)
In seiner Heimatstadt hatte er bereits in jungen Jahren den Beinamen »Bischofstratzer«. Den Münchnern präsentierte er zunächst Passauer Abende, bevor er durch Kabarett-Programme auf der Bühne und im Fernsehen (u. a. im *Scheibenwischer*) bekannt wurde. Danach produzierte er mehr als zwanzig Jonas-Sendungen und brachte seine Texte auch in Buchform heraus (zuletzt *Ich alter Ego*, 1998).

ERNESTINE KOCH
Journalistin, Autorin; *1922 (München)
Die promovierte Germanistin war Journalistin beim BR, bevor sie mit den Dialogen ihrer Familie Brandl berühmt wurde. In 550 Folgen (davon 200 mit Liesl Karlstadt) vermittelte sie ihren Hörern 21 Jahre lang die Atmosphäre eines »echt bayerischen« Familienlebens. Es folgte die ebenso erfolgreiche Serie *Er und sie*. Außerdem schrieb sie Dokumentarisches und Bücher für Kinder.

HERBERT ROSENDORFER
Jurist, Schriftsteller, Komponist; *1934 (Bozen)
Im »bürgerlichen Beruf« als Richter tätig, wurde er bald auch ein produktiver und erfolgreicher Schriftsteller. Ob er Geschichten aus München erzählt (*Absterbende Gemütlichkeit*) oder vom Chinesen Kao-Tai, der mit einer Zeitmaschine aus dem 10. Jh. ins »Min-chen« des 20. Jh. katapultiert wird (*Briefe in die chinesische Vergangenheit*) – immer ist er ein hintergründiger »Märchenerzähler« mit Sinn für die komischen und grotesken Seiten des Lebens.

ANNE ROSE KATZ
Journalistin, Kritikerin, Autorin; *1923 (Schönbeck/Elbe)
In reifen Jahren überraschte sie mit einer Sammlung erotischer Gedichte: *Lachend flieg ich davon* (1991). Im übrigen ist sie als dienstälteste deutsche Fernsehkritikerin (seit 1957) bekannt, schreibt Satirisches, Bio- und Autobiographisches (*Die Freiheit der späten Jahre*, 1995) und mischt sich folgenreich ins Kulturleben der Stadt ein. So initiierte sie u.a. die *LiteraVision*, den städtischen Preis für die besten TV-Sendungen über Literatur.

JOSEPH VON WESTPHALEN
Journalist, Schriftsteller; *1945 (Schwandorf)
Als »Zeitgeistlästerer« ist er weithin bekannt. Er schreibt für seriöse und unseriöse Zeitungen und Zeitschriften und für den Hörfunk. In seinen Büchern erklärt er u. a., warum er Monarchist, warum Terrorist geworden ist und warum er Seitensprünge macht. 1991 schickte er seinen unheldischen Helden Harry von Duckwitz auf die literarische Bühne (*Im diplomatischen Dienst*), dessen Abenteuer drei Bände füllen.

Lothar Günther Buchheim
Schriftsteller, Maler, Kunstsammler, Verleger; *1918 (Weimar)
Er schrieb an die 40 Bücher, v. a. über Kunst und Künstler, aber erst die Verfilmung seines Kriegsromans *Das Boot* machte ihn international berühmt. Er gilt als »prominentester Störenfried des deutschen Kulturbetriebs«; er sorgte für Wirbel bei der Suche nach geeigneten Räumen für sein »Museum der Phantasie«, das nun, nach mehreren Standortüberlegungen, in Bernried am Starnberger See erbaut, seine umfangreiche und wertvolle Sammlung deutscher Expressionisten und ureigene Buchheim-Sammlungen beherbergt.

Asta Scheib
Journalistin, Schriftstellerin, Drehbuchautorin; *1939 (Bergneustadt)
Zunächst war sie Redakteurin bei verschiedenen Frauenzeitschriften, nebenher begann sie Kurzgeschichten zu schreiben. Eine davon, *Angst vor der Angst*, verfilmte R. W. Fassbinder. Seit *Langsame Tage* (1981) hat sie mehrere Romane, auch für Jugendliche, veröffentlicht – mit besonderem Erfolg romanhafte Biographien (*Eine Zierde in ihrem Hause*, 1998) – und schreibt für Zeitungen und fürs Fernsehen (BR, ZDF).

Helmut Seitz
Journalist, Autor, Publizist; *1931 (München)
Als freier Journalist schreibt er seit den 60er Jahren für die Süddeutsche Zeitung sowie für den BR (u. a. Beiträge für den Wirtschafts- und den Schulfunk, aber auch fürs Kinderprogramm). In seinen Büchern widmet er sich besonders gern der (bayerischen) Geschichte (z.B. *Wo Bayerns Römer lebten*). 1970 legte er den humoristischen Leitfaden *Wie werde ich ein echter Münchner?* vor.

Gabi Lodermeier
Kabarettistin, Autorin; *1953 (München)
Ihre erfolgreiche Entwicklung von der »höheren Tochter« zum »Münchner Monster« begann 1981 mit ersten Kabarettauftritten in der Drehleier und im Fraunhofer. Später war sie Ensemblemitglied der Lach- und Schießgesellschaft und bestritt mit ihrem »unglaublichen Mundwerk« mehrere Hörfunk- und Fernsehsendungen, die sie populär machten und ihr den Beinamen »Ratschkathl von besonderen Gnaden« einbrachten.

Willy Purucker
Drehbuchautor; *1925 (München)
Seit 1947 schreibt er für den Bayerischen Rundfunk Drehbücher. Am erfolgreichsten war für den vielfach Preisgekrönten die TV-Serie *Die Löwengrube*, eine Chronik der Zeit zwischen 1898 und 1950, in deren Mittelpunkt eine Münchner Kriminalbeamtenfamilie steht. Zu weiteren bayerischen Themen, über die er in jüngster Zeit schrieb, gehört die Geschichte der »Kurpfuscherin« Amalie Hohenester.

DORIS DÖRRIE
Regisseurin, Schriftstellerin; *1955 (Hannover)
Nach dem Studium an der Münchner Filmhochschule machte sie Dokumentar- und Kinderfilme für den BR und das ZDF. Der in München spielende Kinofilm *Männer* (1986) wurde von der Kritik als Markstein der neuen deutschen Komödie gefeiert. Seither war sie mit weiteren Filmen (*Keiner liebt mich* u.a.) und nicht zuletzt mit ihren hochgelobten Erzählbänden erfolgreich (u.a. *Liebe, Schmerz und das ganze verdammte Zeug* und *Bin ich schön?*, 1998 von ihr verfilmt).

STEN NADOLNY
Schriftsteller; *1942 (Zehdenick a. d. Havel)
Der promovierte Historiker arbeitete zunächst bei Film und Fernsehen. 1981 erschien sein erster Roman *Netzkarte*; sein zweiter *Die Entdeckung der Langsamkeit* (1983), brachte den großen, auch internationalen Erfolg mit Übersetzungen in viele Sprachen. Danach erschienen *Selim oder die Gabe der Rede* (1989), die Sammlung seiner Münchner Poetik-Vorlesungen (1990) und der mythologische Schelmenroman *Ein Gott der Frechheit* (1994).

KETO VON WABERER
Journalistin, Schriftstellerin, Übersetzerin; *1942 (Augsburg)
Sie studierte Kunst und Architektur, lebte viele Jahre in Mexiko und den USA und ließ sich Ende der 70er Jahre in München nieder. Sie veröffentlichte einen Roman, ein Kinderbuch und mehrere Erzählbände – darunter *Der Schattenfreund* (1988) und *Fischwinter* (1996) –, in denen sie »mit ihren diabolisch ausgerichteten Stilmitteln der Groteske und Karikatur ... uns alle in die Hölle treibt« (Hajo Steinert).

FRANZ GEIGER
Übersetzer, Regisseur, Autor, Publizist; *1921 (München)
1944, im Gefängnis, fing er an, Anouilh zu übersetzen, dessen gesamtes Bühnenwerk er in der Folgezeit ins Deutsche übertrug. Seit den 50er Jahren schrieb er zahlreiche Drehbücher für Film und Fernsehen und hat gemeinsam mit seinen Freunden Helmut Dietl und Helmut Fischer einen eigenwilligen Ton in deutsche Unterhaltungsfilme gebracht, den sog. »Münchner Stil«, der u.a. die Serien *Münchner Geschichten* und *Monaco Franze* zu Publikums-Hits machte.

AXEL HACKE
Journalist, Publizist, Schriftsteller; *1956 (Braunschweig)
Seit 1981 ist er Redakteur und Autor bei der Süddeutschen Zeitung, schreibt Reportagen, Glossen, oft das Streiflicht. 1991 legte er einen Band mit satirischen Geschichten vor (*Nächte mit Bosch*). Es folgten der aus der sehr erfolgreichen wöchentlichen Kolumne im SZ-Magazin entstandene *Kleine Erziehungsberater* (1992) sowie *Der kleine König Dezember* (1993), *Hackes Tierleben* (1995) und *Ich hab's euch immer schon gesagt* (1998).

TamS (Theater am Sozialamt)
Anette Spola, Rudolf Vogel, Eberhard Kürn sind die Säulen dieser von Anette Spola und Philip Arp in einem ehemaligen Brausebad eingerichteten renommierten Schwabinger Kleinkunstbühne, der seit 1987 Anette Spola als Prinzipalin vorsteht. Die hauseigenen Stücke entstehen in kreativer Teamarbeit, wobei Vogel schließlich die Texte fixiert, Kürn das Bühnenbild besorgt und Spola Regie führt. Auf dem Programm stehen aber auch eigens für das TamS geschriebene Stücke von Jörg Hube, Gerhard Polt, Urs Widmer u. a.

Renate Just
Journalistin, Publizistin; *1948 (Erlangen)
Seit 1976 schreibt sie als freie Journalistin Reportagen und Porträts u. a. für Die Zeit, Brigitte und das SZ-Magazin. 1995 gewährte sie in ihrem Buch *Einpersonentisch mit Aussicht. Beruf Reporterin* einen Blick hinter die Kulissen dieses »Traumjobs«. Es geriet ihr »zu einer ebenso originären Form von autobiographischer Essayistik wie zur realsatirischen Tour d'horizon durch unsere selbstgewisse Republik« (Barbara von Becker).

Georg Ringsgwandl
Kabarettist, Liedermacher; *1948 (Bad Reichenhall)
Zuerst war er Arzt, dann eroberte er als »Gaudibursch vom Hindukusch« die Kleinkunstbühne. Die Songs, Balladen und Musicals dieses »Anarchen mit der Gitarre« sind bis in den hohen Norden zu hören und auch auf CD zu haben. Unter seiner Regie lief 1997/98 in den Münchner Kammerspielen sein Musical *Die Tankstelle der Verdammten*.

Herbert Achternbusch
Schriftsteller, Maler, Filmemacher; *1938 (München)
Als bajuwarisch-barocker Allround-Künstler und wort- und bildgewaltiger Querdenker belebt er seit Jahrzehnten die deutsche Kunstszene, vielfach aneckend, weil »zu allen Moden und Zeitgeisterscheinungen in Opposition stehend« (SZ). Er hat 18 Theaterstücke (viele davon an den Kammerspielen inszeniert) und 30 Bücher geschrieben, 25 Filme gemacht und über 1000 Bilder gemalt.

Maria Peschek
Schauspielerin, Kabarettistin; *1953 (Freihausen/Landshut)
An der Münchner Falckenberg-Schule lernte sie die Schauspielerei, mit dem Kabarett begann sie 1986. Fünf Jahre lang trat sie gemeinsam mit den »Wellküren« auf. Seit 1994 zieht sie mit ihren selbstverfaßten Monologen einer bayerischen Hausfrau und Mutter als »Sirene in Kittelschürze« (Sigrid Hardt) allein durch die Lande. Darüber hinaus ist sie immer wieder als Schauspielerin am Münchner Volkstheater zu sehen.

HELLA SCHLUMBERGER
Schriftstellerin, Journalistin; *1943 (Denkhaus/Pommern)
Die seit 30 Jahren in München lebende promovierte Literaturwissenschaftlerin veröffentlichte engagierte Bücher, Features und Filme über Völker in extremen Situationen: Indianer und Kurden. Ihr letztes Werk *Türkenstraße, Vorstadt und Hinterhof* geht in 150 Erzählungen dem Geist und Ungeist ihrer Straße in den letzten Jahrhunderten nach.

ALBERT OSTERMAIER
Lyriker, Dramatiker, Schriftsteller; *1967 (München)
Der Jungstar unter den deutschen Gegenwartsautoren debütierte 1993 mit dem Bühnenstück *Zwischen zwei Feuern. Tollertopographie*. Es folgen die Stücke *Zuckersüß* und *Leichenbitter, Tatar Titus, Radio Noir, The Making Of. B.-Movie* und zuletzt *Death Valley Junction*. Die Lyrik steht für ihn gleichberechtigt neben der Dramatik. Sprachkräftig beweisen dies seine Gedichtbände *Herz Vers Sagen* (1995), *fremdkörper hautnah* (1997) und *Heartcore* (1999).

FRANZ XAVER BOGNER
Regisseur, Drehbuchautor; *1949 (Pliening/München)
Er hat, in der Tradition Hans W. Geissendörfers, einen neuen Typus von »Heimatfilmen« fortentwickelt, der auf Klischees vollständig verzichtet (*Madam Bäurin, Das ewige Lied, Einmal leben*). Geradezu legendär sind seine Fernsehserien, mit denen er liebevoll das verdreht-vertrackte Schicksal der »kleinen Leute« porträtiert: *Irgendwie und sowieso, Zur Freiheit* und *Café Meineid*, das sich mit über 100 Folgen zum TV-Dauerbrenner entwickelt hat. Bogners Arbeit wurde mehrfach ausgezeichnet (u. a. Grimme-Preis, Bay. Fernsehpreis).

ERNST MARIA LANG
Karikaturist, Architekt, Autor; *1916 (Oberammergau)
Er ist – städtebaulich gesprochen – der »profilüberragende Solitär« in der »Hauptstadt der Karikaturisten«. Über 4000 Zeichnungen sind in den rund 50 Jahren seiner Tätigkeit für die SZ und das Bayerische Fernsehen entstanden. Seine Kommentare zur Zeitgeschichte sind zu unverzichtbaren Begleitern durch die bundesrepublikanische Wirklichkeit geworden; kaum eine Polit-Prominenz, die er nicht gekannt und lustvoll gezaust hat. Seine Erinnerungen sind nachzulesen in dem Buch *Das war's. War's das?*.

FABIENNE PAKLEPPA
Schriftstellerin, Übersetzerin; *1950 (Lausanne)
Fabienne Pakleppa, in der französisch-sprachigen Schweiz aufgewachsen, ist seit 1977 Wahlmünchnerin und schreibt seit Mitte der 80er Jahre in deutscher Sprache. Mit ihren Erzählungen, Glossen und Essays machte sie sich als Autorin zeitkritischer und witziger Kurzprosa einen Namen. Erotisches

bieten ihre Geschichten *Mein unverschämter Liebhaber* (2001), während ihre Romane – *Die Himmelsjäger* (1993), *Die Aufsässigen* (1995) und *Die Birke* (1999), die um die Fremdheit des Menschen in der Welt, die Zerbrechlichkeit seiner Identität kreisen – in dunkleren Tönen gehalten sind.

GEORG MAIER

Theaterautor, Schauspieler, Musiker, Regisseur, Intendant; *1941 (München) Das Multitalent Maier ist eine der unverwechselbaren Figuren des zeitgenössischen bayerischen Volkstheaters. In 35 Jahren hat er wahre Volkstheatertraditionen jenseits des gängigen Gaudikonsumangebots wiederbelebt, hat die Iberl-Bühne als »Münchner Gesamtkunstwerk« konzipiert und sie bevölkert mit altbaierischen und Münchner »Kinis« und Hallodris, Volkshelden und Schnorrern, Räubern und Gendarmen. Seine Possen, Komödien, historischen Stücke zeichnen sich aus durch ausgefeilte Texte, exakte Mundartsprache, geballten Hintersinn, präzise Regiearbeit.

Die Preisträger von 1975 bis 2002

Achternbusch, Herbert	1999		Müller, Hanns-Christian	1987
Amery, Carl	1975		Nadolny, Isabella	1975
Arp, Philip	1984		Nadolny, Sten	1995
Biermösl Blosn	1985		Ostermaier, Albert	2000
Bilek, Franziska	1979		Pakleppa, Fabienne	2002
Bleisch, Ernst Günther	1989		Peschek, Maria	1999
Bogner, Franz Xaver	2001		Polt, Gerhard	1980
Bronnen, Barbara	1990		Ponkie	1987
Buchheim, Lothar Günther	1993		Purucker, Willy	1994
Burger, Hannes	1986		Riehl-Heyse, Herbert	1980
Camp, Sarah	1981		Ringsgwandl, Georg	1998
Cube, Hellmut von	1978		Rosendorfer, Herbert	1991
Dörrie, Doris	1995		Roth, Eugen	1976
Ebert, Wolfgang	1988		Sägebrecht, Marianne	1984
Eichholz, Armin	1981		Sagerer, Alexeij	1988
Flügel, Rolf	1977		Sailer, Anton	1977
Geiger, Franz	1996		Salamander, Rachel	1986
Hacke, Axel	1997		Scheib, Asta	1993
Hassencamp, Oliver	1984		Schlumberger, Hella	2000
Hildebrandt, Dieter	1979		Schneider, Herbert	1986
Hoche, Karl	1987		Schreiner, Klaus Peter	1986
Horn, Effi	1978		Schwerla, Karl Borro	1983
Hube, Jörg	1982		Seeberger, Kurt	1982
Jonas, Bruno	1990		Seitz, Helmut	1993
Just, Renate	1998		Skasa, Michael	1988
Katz, Anne Rose	1992		Sommer, Siegfried	1983
Kaut, Ellis	1984		Spengler, Karl	1976
Koch, Ernestine	1991		Sperr, Martin	1977
König, Hannes	1981		Tabori, George	1987
Kramberg, Karl Heinz	1989		TamS	1997
Kristl, Wilhelm-Lukas	1978		Ude, Karl	1976
Kroetz, Franz Xaver	1985		Waberer, Keto von	1996
Kühn, August	1982		Wecker, Konstantin	1979
Lang, Ernst Maria	2001		Wendt, Ernst	1983
Lodermeier, Gabi	1994		Westphalen, Joseph Graf von	1992
Maier, Georg	2002		Zimmerschied, Siegfried	1985
Mendelssohn, Peter de	1980			

EDITORISCHE NOTIZ

Der Text folgt der Erstausgabe Max Hueber Verlag, München 1950. Orthographie und Interpunktion wurden beibebehalten, offensichtliche Schreibversehen wurden stillschweigend berichtigt.

Das Nachwort der Erstausgabe von Hanns Ludwig Held wurde durch das Vorwort von Christian Ude ersetzt. Die Erstausgabe enhält 32 Originalaufnahmen Ernst Hoferichters, die aus technischen Gründen der Neuausgabe nicht mehr beigefügt wurden.